斗牛犬餐厅的一天

前言

本书真实记录了斗牛犬餐厅全年6个月营业期间的日常工作。正如开卷所言：“日日不尽相同，日日何其相似……”本书准确地反映了斗牛犬餐厅夏日营业期间厨师和侍者的每日“琐事”。今天，书中描述的工作已成为过去，但作为斗牛犬餐厅成就的记录，本书具有与众不同的情感和价值——它是这么多年来斗牛犬餐厅精益求精、不懈努力、推陈出新和孜孜不倦的工作成果。

斗牛犬餐厅于2011年7月30日停业，但这并不意味着终结——相反，这意味着一次转型。现在我们明白了，这不过是斗牛犬餐厅运作时的另一个转变，正如这25年来斗牛犬餐厅里其他改变一样。1987年，我们决定每年歇业半年。这样做可以帮助我们每年能以焕然一新的面貌创造出整套全新的菜单。2001年，我们决定只提供晚餐，这样做能够更好地为食客提供他们应得的用餐体验。2002年，我们取消了零点菜单，只提供精选菜单（我们也是餐饮界内推出“精选菜单”的先锋）。2009年，斗牛犬餐厅第一次于秋冬两季继续营业，我们也由此得以把玩一系列的当季食材，这些食材是我们无法在夏日中获得的。

简而言之，可能听起来有些冲动，但在我们看来，这个全新的改变不过是另一种方式的进步。当然这一步可能迈得极大，毕竟这么做是以牺牲职业存在感为代价的。我们将不是一个传统上以营利为目的的餐厅，虽然改变可能并不如看起来那么巨大，但是我仍然坚持。斗牛犬餐厅会变成一个基金会，在那里我们可以不断研究，并将每日工作归档，且始终不断地总结过去大约30年的时间里我们所取得的成就。同时，我们还打破了厨房的界线，联合其他领域分析我们的创意。

调整斗牛犬餐厅发展的方向的想法并非一时冲动，这一想法于2009年就已现雏形。我们感到自己需要一些新的刺激。当然为食客带来惊喜、满足他们的需求也会带来新鲜感，我们的能量和动力已今非昔比。斗牛犬餐厅团队一直以来都不走寻常路，并会不断将新鲜点子带到工作中。但是，在过去几年中，对客人的敬畏和尊重却成为我们发展的枷锁，变成了多余的纪律和教条。这样的生活对我们来说已经没有吸引力了。我们想要在一个更为轻松的环境下工作——我们认为，在“斗牛犬基金会”中，这样的生活得以成为可能。

不可否认的是，如此转型的改变之一就是将会完全颠覆我们习以为常的日常工作。换句话说，“在‘斗牛犬基金会’的一天”与“在斗牛犬餐厅的一天”完全不同。基金会本身没有严苛的规定，相反，会由4~5人组成创意团队，另外还有4个小组，每组5人，成员均来自圈外，比如设计师或建筑师，外加1个“流动”小组。在“斗牛犬基金会”开始自己的常规活动之前，我们无法知晓“斗牛犬基金会”的一天是怎样的，但可能是以头脑风暴会议作为开始。在专门的空间中集思广益，开展各类创意，在前一天，我们会先写下第二天的计划，因此，当日我们会以计划作为重点开始讨论，并且关注成员之间对创意研究的真知灼见。我们的构想是每日实时传播自己的创意。

我经常被问到，斗牛犬餐厅是否还会恢复供餐。答案是肯定的，尽管这已脱离斗牛犬餐厅的概念，并且步调也极不相同。客人的即时反馈说明了斗牛犬餐厅的菜是否符合逻辑；因此，人们将会在“斗牛犬基金会”里用餐，但与正式的餐厅不同，“斗牛犬基金会”里没有着装要求和用餐礼仪等特定的规则，而且可能年年有变，甚至次次不同。但很清楚的是，在“基金会”中，没有预订之说，我们对最难觅其踪影的美食家敞开大门。我们不想受到压力或体力透支困扰，因为“斗牛犬基金会”的主要任务在于创新，而不是供餐。

正如你所见，“斗牛犬基金会”的每日活动与之前的斗牛犬餐厅会非常不同。但我能感受到，斗牛犬餐厅的进化会增加读者对本书的兴趣和本书作为印刷品的价值。我认为本书强调了在紧密的互利共生环境下，员工作为斗牛犬餐厅的一部分所展现出的奉献精神和热情，这一点远超过斗牛犬餐厅所取得的成就。斗牛犬餐厅所处的位置与我们代表的菜系密不可分。自然环境影响了我们，并从拂晓就开始陪伴着我们。随着指针旋转，不同类型的人员开始加入这场每日盛会，他们的到来仅有一个目的，就是为客座演员——也就是我们的食客——带来愉悦。从7:30开始，几十名工作人员全天精心准备的结果便呈现在客人面前，旨在博贵客一笑。尽管劳累，但每日结束后，看到工作出色完成、责任履行到位、客人全心投入用餐过程后情不自禁的心花怒放和啧啧称奇，以及因精选菜单的内容欢笑或哭泣，这都是这份工作带来的满足感。我相信，接下来的章节会为读者传达我们的激情和专注。创意研究为我们带来了愉悦，而且它更是斗牛犬餐厅成员源源不断的工作动力。

——费朗·亚德里亚（Ferran Adrià）

斗牛犬餐厅的一天

［西］ 费朗·亚德里亚
［西］ 阿尔韦特·亚德里亚 著
［西］ 胡利·索莱尔
周再冉 译

華中科技大學出版社
http://www.hustp.com
中国·武汉
有书至美
BOOK & BEAUTY

洞见、思想和设计方法

对斗牛犬餐厅提出的问题

一道菜的发展阶段

斗牛犬餐厅的团队

创造方法 II

斗牛犬餐厅的菜单

斗牛犬餐厅的厨房

知识对产品判断至关重要

创造方法 I

客人通过餐厅的路线

烹饪与艺术

早年的费朗·亚德里亚

在罗萨斯购物

在巴塞罗那购物

餐厅和客人之间会发生什么？

创造方法 III

创意是不抄袭

预订系统是如何运作的？

斗牛犬餐厅的历史

电子酒单

数字斗牛犬餐厅

6:05 破晓
6:10
6:15
6:20
6:25
6:30
6:35
6:40
6:45
6:50
6:55
7:00
7:05
7:10
7:15
7:20
7:25
7:30
7:35
7:40
7:45
7:50
7:55
8:00
8:05
8:10
8:15
8:20 空旷的舞台
8:25
8:30
8:35
8:40
8:45
8:50
8:55
09:00
09:05
09:10
09:15
09:20
09:25
09:30
09:35
09:40
09:45
09:50
09:55
10:00 费朗抵达秘密工作室
10:05
10:10
10:15
10:20
10:25
10:30
10:35
10:40
10:45
10:50
10:55 胡利抵达
11:00 创意会议开始

11:05
11:10 先来一杯咖啡
11:15
11:20
11:25
11:30 开始试味
11:35
11:40
11:45
11:50
11:55
12:00
12:05
12:10
12:15
12:20
12:25
12:30
12:35 采购到货
12:40
12:45
12:50 阿尔韦特加入斗牛犬餐厅
12:55
13:00
13:05
13:10
13:15
13:20
13:25
13:30 准备出菜单
13:35
13:40 核对预订
13:45 午餐时间
13:50
13:55
14:00
14:05
14:10
14:15
14:20
14:25
14:30 厨房团队的其他成员抵达
14:35
14:40 下午的会议
14:45
14:50
14:55 烹调开始
15:00
15:05 甜味世界的会议
15:10 自省时刻
15:15
15:20
15:25
15:30 前场团队抵达
15:35 餐厅准备
15:40
15:45
15:50
15:55
16:00

16:05
16:10 检查葡萄酒库存
16:15 查斯检查雪茄库存
16:20
16:25
16:30 大量到货
16:35
16:40
16:45
16:50
16:55
17:00
17:05 检查物流
17:10
17:15
17:20
17:25
17:30 最后的更改
17:35 餐厅准备完成
17:40
17:45
17:50 员工餐
17:55
18:00
18:05
18:10
18:15
18:20 10分钟小憩
18:25
18:30 蓄势待发
18:35
18:40
18:45
18:50 出菜单的最终检查
18:55
19:00 停车场开放
19:05
19:10 前场后场交流会议
19:15 还剩15分钟
19:20
19:25
19:30 餐厅大门打开
19:35
19:40
19:45 首批客人抵店
19:50 第一幕以鸡尾酒开始
19:55
20:00 主厨们制作鸡尾酒
20:05
20:10
20:15 胡利迎客
20:20
20:25
20:30
20:35
20:40
20:45 在前排的4小时
20:50
20:55 侍酒
21:00

21:05
21:10 最后一桌客人抵店
21:15
21:20 第二幕开始
21:25
21:30
21:35
21:40
21:45
21:50
21:55
22:00
22:05
22:10
22:15
22:20
22:25
22:30
22:35
22:40
22:45
22:50
22:55
23:00
23:05
23:10
23:15
23:20
23:25
23:30
23:35 这是最危险的时刻
23:40 第三幕开始
23:45
23:50
23:55
24:00 第四幕开始
00:05
00:10
00:15
00:20
00:25
00:30
00:35
00:40 为第二天做准备
00:45
00:50 鲜味世界的营业结束
00:55
01:00 客人开始离席
01:05
01:10
01:15
01:20 唯独厨房的灯关了
01:25
01:30
01:35
01:40
01:45
01:50
01:55
02:00 落下帷幕

06:05

—

日日不尽相同，日日何其相似……

07:30

—

斗牛犬餐厅的花园

克雷乌斯角自然公园跨越赫罗纳省的八个区(卡达克斯、良萨、帕劳—萨瓦尔德拉、保村、塞尔瓦港、罗塞斯、塞尔瓦海和比拉胡伊加)。1998年，9平方千米的土地被划为国家保护区，8.4平方千米的周边海域成为海洋保护区。

该区域拥有4.5亿年的历史，地理位置尤为重要。

于是，我们来了……

对斗牛犬餐厅提出的问题

什么 **……是斗牛犬餐厅？**

斗牛犬餐厅由费朗·亚德里亚和胡利·索莱尔（Juli Soler）共同所有。费朗·亚德里亚是当今世界极富有创意的主厨之一，负责前场管理的胡利·索莱尔自1981年起就开始运营餐厅。斗牛犬餐厅因其先锋派的菜肴举世闻名，每年的订位都供不应求。《餐厅》杂志的评审团由世界主厨和食品评论家组成，评审团连续4年将斗牛犬餐厅评选为“世界最佳餐厅”，这是餐饮行业最令人垂涎的荣誉。

何地 **……建了斗牛犬餐厅？**

斗牛犬餐厅位于西班牙北部赫罗纳省罗萨斯镇附近美丽的卡拉蒙特基，距巴塞罗那数小时车程，离佩皮尼昂不远。

何时 **……斗牛犬餐厅对外营业？**

斗牛犬餐厅每年对外营业6个月，从4月1日到9月30日。

为什么 **……斗牛犬餐厅仅对外营业半年？**

多年前，这样做是因为大部分来斗牛犬餐厅用餐的客人都是暑假来卡拉蒙特基的游客。但从1987年起，为了创造出在约6个月的营业期间内实行的菜单，唯一的方法是利用一年中剩余的时间在巴塞罗那的工作室中研究下一季的菜肴。

……斗牛犬餐厅仅供应晚餐？

菜单的复杂性、菜肴的数量、每道菜所需的劳力以及服务的方式决定了要同时供应午餐和晚餐是不可能的。

有多少 **……颗米其林星被斗牛士餐厅赢得？**

3颗。斗牛犬餐厅在1976年赢得了第一颗米其林星，在1983年赢得了第二颗。1984年费朗·亚德里亚加入后，因为斗牛犬餐厅更换了主厨，根据《米其林指南》的条例，评委移除了我们的第二颗星。在费朗·亚德里亚的带领下，斗牛犬餐厅重新赢得了第二颗星，并在1997年赢得了终极的第三颗星。

……人每年在斗牛犬餐厅用餐？

大约8000名客人。即每年营业160天，每天有50名客人。

有多少

……人每年会预订席位？

大约200万人。

……人在斗牛犬餐厅工作？

人数为60~70人，每年的情况不同。换句话说，工作人员比客人还要多。

……人被聘？

招聘广告会公布在斗牛犬餐厅网站上，我们会从世界各地寄来的几千封应征信中选择最合适的人选。

……工作时间？

厨师们通常每班工作12小时。那些参与晨间创意会议的厨师，由于要参与新菜开发，会再早来3小时。前场人员每日工作10小时。

什么

……组成了我们的菜单？

与其从全菜单中选择菜肴，不如从斗牛犬餐厅供应28~35道式的精选菜单中选择，包括鸡尾酒、小吃、塔帕斯拼盘、前甜点、甜点和变体。

……是斗牛犬餐厅的小吃？

一种以面包和黄油为原料制作的有趣的衍生食品，常作为餐前的一口食（比如黑橄榄麦德林）供应，于品尝鸡尾酒后或品尝主要的塔帕斯拼盘之前食用。

……是斗牛犬餐厅的前甜点？

出现在塔帕斯拼盘之后、甜点之前。这些前甜点是咸食与甜食的衔接，可能会有球形芒果饺或甜香草薯泥。

……是斗牛犬餐厅的变体？

渐变小点是斗牛犬餐厅的原创，用来取代传统的收口小食（PETIT FOURS）。

……是客人想要试一下的有别于前一年的菜呢？

每季结束，斗牛犬餐厅都会彻底改变菜单，因此对一道菜来说，客人绝不会尝到2次。

什么 ……**是斗牛犬餐厅的“甜味世界”和“鲜味世界”？**

这两个词在斗牛犬餐厅代表甜点和主菜。在大部分厨房中，主厨房和甜点厨房有明显的分隔，但在斗牛犬餐厅，这两个区域紧密相连。阿尔韦特·亚德里亚（Albert Adria，费朗的弟弟）一开始加入斗牛犬餐厅的时候，其实主攻的领域是甜点。但在与弗朗开发新菜的过程中，他发现鲜味菜肴与甜点之间有许多共通点，没有明显的界线。

怎么 ……**应对客人不喜欢某一道菜？**

斗牛犬餐厅提供将近30道菜的复杂菜单，客人可能对某些菜更加偏爱，当菜肴中含有奇特的食材时尤其如此。如果某道菜不合客人的口味，还有许多其他菜可以满足其需求。同时，我们会在确认预订时询问客人特别忌口的食物以及饮食的细节，尽量减少此类问题的出现。

是否有 ……**素食菜单？**

任何客人如果事先告知他们对素食的需求，我们便会提供素食菜单。

有多少 ……**种葡萄酒会出现在酒单上？**

酒单每年不同，客人有1600多种选择。

……**钱会被客人花在斗牛犬餐厅的一顿晚餐上？**

以2009年的精选菜单为例，每位客人215欧元（不含酒水）。

自然的质感

斗牛犬餐厅偏远却壮美的环境所呈现的色彩、质感是我们丰富的灵感来源。

08:20

—

空旷的舞台

elBulli
1983-199

斗牛犬餐厅位于布拉瓦海岸美丽的卡拉蒙
[illegible]基湾。白色小巧的建筑隐蔽在郁郁葱葱的地中
[illegible]植被中，从餐厅的露台或花园望去，可以看到
[illegible]美的海景。

“华筵美景不可分离。”

费朗抵达秘密工作室

当人们听到“斗牛犬进化”工作室时，多
人会想到巴萨罗那波塔佛利沙的那间工作室
在那儿，大部分的创意工作会在冬天进行。
而，真正的工作室、费朗的秘密实验室，位于
拉蒙特基湾的餐厅附近。关于技巧和概念的
究会在巴塞罗那的工作室进行，新菜肴却诞
于斗牛犬餐厅的厨房。20多年来，主要菜肴
行动方针的决策都发生在餐厅的厨房中。

创意意味着想出一些前人从未做过的事
但标新是远远不够的。要创造出既新颖又有
的东西需要大量的实验。

“标新、创意和独一无二是不同的。”

早年的费朗·亚得里亚

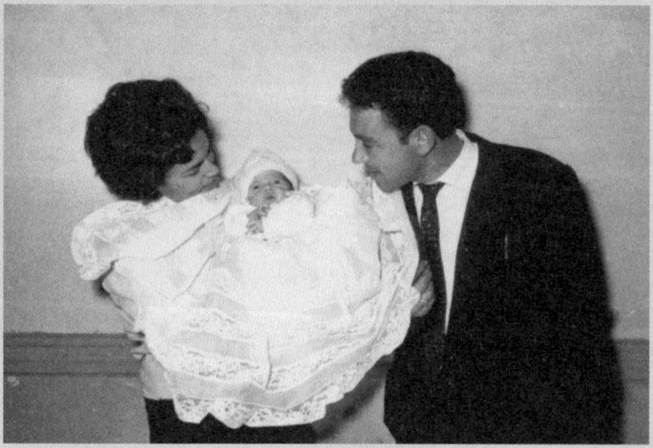

1962年，受洗日，与父亲和祖母

幼年的费朗与新宠物玩耍

与弟弟阿尔韦特共进晚餐

12岁，与西班牙当地足球队队员合影

1977年，与家人合影

1982—1983年，在军队服役

1981年，与巴塞罗那“卡斯特尔·阿纳乌”
（Castell Arnau）餐厅的厨房成员在一起

1962年5月14日

费朗出生于巴塞罗那附近的桑塔乌拉利亚，父亲是希内斯·亚得里亚（Ginés Adrià），母亲是何塞法·亚得里亚（Josefa Acosta）。他在巴塞罗那的安格尔斯本地学校（Colegio Casal dels Àngels） 和圣伊西德罗学校（Colegio de San Isidro）学习。幼年时，他对食物没有特别明显的兴趣。相反，他主要的热情都在足球上，在1974—1980年间，他都在为桑塔乌拉利亚足球队效力。

1976年

费朗从学校毕业，并申请进入麦尔塞圣女理工学院（Instituto Politécnico Virgen de la Merced），完成职业管理训练后，他开始准备商业课程的学习。

1980年

费朗放弃了学校的商业课程，开始在卡斯特尔德费尔斯的“普雷费尔斯”（Hotel Playafels）酒店工作，成了一名洗碗工。工作中，酒店主厨米克尔·莫伊（Miquel Moy）将经典菜系介绍给费朗。此外，费朗本人还研读了由2位受埃斯科菲耶（Escoffier）影响极深的西班牙主厨编写的传统烹饪手册*El Práctico*。

1981—1982年

1981年3月2日，费朗离开了普雷费尔斯酒店，开始在“列纳湾俱乐部”（Club Cala Leña）工作。回到巴塞罗那后，费朗先后受雇多间餐厅和餐酒吧。最终，他加入了“菲尔斯特雷”（Finisterre）餐厅——当时巴塞罗那著名的餐厅之一，并在那里一直工作到1982年7月。

1982—1983年

费朗在卡塔赫纳服兵役期间负责为海军上将烹饪。正是这样的经历为他提供了宝贵的经验，因为这是他首次自己管理一个厨房。在军队服役时他结识了费尔米·普伊格（Fermi Puig），费尔米向费朗介绍了“新菜烹调法”派*各大名厨撰写的食谱，包括保罗·博古斯（Paul Bocuse）、米歇尔·格拉尔德（Michel Guérard）和阿拉因·沙佩尔（Alain Chapel），这些对大厨费朗产生了深远的影响。

1983年

在费尔米·普伊格的建议下，费朗于8月在斗牛犬餐厅完成了试菜，或者说是“试验”。在那里，他遇见了胡利·索莱尔。费朗展现了无与伦比的天赋，于是胡利邀请费朗在第二年的4月加入他的团队，成为斗牛犬餐厅的头厨。

1984年

1984年年初，在塞维利亚的“圣·马科斯”（SanMarcos）餐厅短暂工作后，费朗于4月正式来到斗牛犬餐厅，担任头厨。

*较传统法式西餐做法，新菜烹调法的菜肴更轻盈、爽口，注重时令食材及摆盘，20世纪60年代由记者亨利·高特推广。

Historia

Miércoles
24 Jueves
25
26 Sábado
AGOSTO (08)
27 Domingo
AGOSTO (08)
28
Semana 34
Tercer Trimestre
del
22 de agosto
al
28 de agosto

刂意根植于良好的统筹

1小时的独处和专注对确保所有事物秩序好、运作顺畅是至关重要的。在餐厅运营时，是费朗每日唯一专门用于经营事宜及餐厅管的1小时。

费朗总是充满好奇，无论身处何地、做何，他从未停止追寻新想法的步伐。他是如此衷于为自己设立挑战，以至于从未把这些是作麻烦事。事实上，解决问题对保持思维活和有创意非常关键。从这个角度看，“问题”本不是问题。

“若每分钟都有新事物降临，则难关何？”

没有耐心的野心是危险的

1小时的文书工作后，费朗离开他的秘密工作室，走向餐厅，开始创意会议。

揠苗助长只会一事无成，耐心是关键：这是斗牛犬餐厅在过去20年努力秉持的工作态度。每道菜的开发都经历了反复的艰苦试验，创新的过程经不起催促。

创意是不抄袭

费朗和阿尔韦特多年来一直都在尝试定义创意，他通过几千种不同的方式进行演绎。正如法国著名大厨雅克·马克西曼（Jacques Maximin）在1987年2月所著的书籍中关于创意的最佳定义："创意是不抄袭。"

1987年之前，斗牛犬餐厅的食物风格是基于"新菜烹调法"的。费朗和克里斯蒂安·吕托（Christian Lutaud，时任联合主厨）以自己的见解重现了经典法国名厨雅克·皮克（Jacques Pic）等的菜肴。后来，在1987年尼斯的会议上，马克西曼对"创意是什么？"这一问题的回答激励了费朗抛下烹饪书籍，下定决心重新定义斗牛犬餐厅。同年，漫长的冬日闭馆期使得他们有6个月可以全身心地创造新菜。这两个因素标志着斗牛犬餐厅创意旅程的开始。

随着时间的流逝，创意过程不断进化。在斗牛犬餐厅闭馆的时间内，由费朗、阿尔韦特（Albert）和奥里奥尔（Oriol）带领的团队在位于巴塞罗那的斗牛犬餐厅工作室里召开创意会议，研究新概念、新技术和新的制备方法。他们不以特定菜肴为工作重点，转而着重于开发往后可以用于创造菜肴的新技术。其开发过程的核心在于发明前人从未使用的烹调技术——比如反向球化、利用虹吸瓶来制作泡沫或新的凝胶介质——这是让斗牛犬餐厅真正与众不同的原因。在斗牛犬餐厅对外营业之前，在斗牛犬餐厅厨房的创意会议上，新技术和新概念会用于开发新一轮的菜肴，并确定最终菜单。这个过程在夏季营业期间一直持续，新的菜式会不断加入本季的菜单中。

12月

创意会议接近尾声，需要对本季工作进行评价。在斗牛犬餐厅营业期间收集的想法需要评估，然后团队会决定下一季研究的起始点，初步确定下一季会议上所要考虑的新技术、新概念和新菜肴，计划旅游和课程，并会讨论管理层面的问题，比如寻找新的供应商。

1月

斗牛犬餐厅闭馆。创意团队开始研究下一季在巴塞罗那的"斗牛犬进化"工作室的工作。

2—6月

在冬季，我们会对新产品进行调查并寻找供应商，还会联系潜在的新供应商，每天还会测试新技术并摄影记录。厨师们会参加专家课程，并参观饮食展。菜肴的灵感不仅来自全世界的餐厅和农贸市场，更可能来自本地的五金店（在那里我们会发现之前从未用于烹饪的工具）、博物馆和艺术画廊，以及乡间的漫步。比如，甜点“泥土”的巧克力土和粉就是在2003年受澳大利亚树丛土地颜色和质感的启发。

与工业设计师和制造商的合作也在这些月份中实现。这可能包括为某菜量身定制新的餐具，比如用来装“子弹酒”的宽口玻璃吸管；或香味汤匙，汤匙有个尖，香草可附在汤匙上，在客人用汤匙食用的同时，可以释放香味。为了让新技术更有效率，团队可能会设计特殊设备。比如，当晶球化技术开发实现后，我们用注射器制作小水滴，使其凝结成“鱼子酱”。问题很快就出现了，每晚在营业时间做50份“鱼子酱”是相当费时的。为了更有效率，工业设计师卢琪·乌贝尔（Luki Huber）制造了一个可以放20根注射器的支架。这些注射器能同时使用。

7月

创意团队搬到卡拉蒙特基，继续为新一季开发菜肴，一直到斗牛犬餐厅重新营业。最初的几周，斗牛犬餐厅会提供前一季的菜单，搭配一些新的食谱。新菜肴是随着测试完成逐渐加入菜单中的（这可能需要几天或两周来开发菜肴）。到7月底，全新的菜单完成。

8—11月

我们会不断为菜肴增添亮点，对新概念和技术的研究从未停歇。随着新的季节性食材上市，我们会开发出新菜肴，并加入菜单中。

胡利抵达

胡利·索莱尔自1981年起担任斗牛犬餐厅的经理。他13岁就在塔拉萨（位于巴塞罗那附近）作为助理服务生踏入餐饮业，在进入另一个其热衷的领域——音乐——之前，他积累了大量餐厅服务的经验。事实上，在斗牛犬餐厅前任老板汉斯和玛凯塔·席林邀请他回归餐饮业担任总经理之前，他已经营唱片店多年。有了席林夫妇的支持，为了完成自己在西班牙打造先锋派餐厅的梦想，索莱尔花时间学习了餐厅经营并参观了欧洲最好的餐厅。1984年，他一眼就看出发现费朗·亚德里亚的天分，并在费朗犹豫不决，不知是否应该离开斗牛犬餐厅自谋生路之时，说服费朗留下，让他与时任餐厅头厨克里斯蒂安·吕托一起担任联合主厨。

凭借自身的学识和经验，胡利为前厅服务设立了西班牙从未有过的高标准。1981年，当听到斗牛犬餐厅丧失了一颗米其林星时，他来到巴黎，向《米其林指南》的出版社讨问说法。法国方面解释称由于前任主厨的离开，他们认为斗牛犬餐厅关门大吉了。胡利坚持让评审委员重访餐厅，使斗牛犬餐厅于次年以一颗米其林星重回《米其林指南》。胡利与费朗一起，将斗牛犬餐厅的用餐体验打造成今日令人难以忘怀的愉悦经历。

在斗牛犬餐厅，胡利总是很早便开始工作，尽管很难在餐厅见到他。他所做的奉献是无声的，很少有人察觉并注意到。如果他需要什么特别的东西，或与员工共同进餐，可能在19:30之前能够偶尔瞥到他几眼。尽管在餐厅开门之前很少露面，他和费朗总能够找到时间会面，讨论本日事宜。

胡利的大部分时间被几千封寄往斗牛犬餐厅的邮件占据，但他的工作远不止于此。他喜欢将自己比喻为"第六颗滚石"，但他也是问题粉碎机、葡萄酒的狂热爱好者。他对葡萄酒有着极大的激情，并且满腹经纶。但凡有新的粉碎机来到斗牛犬餐厅，必定是胡利带来的。新人可能一开始无法理解他独特的幽默感，并且他的幽默感如他对工作的热忱与专注一样。

创意会议开始

费朗抵达餐厅，创意会议开始，与会的还有主厨阿尔韦特·劳里奇（Albert Rautich）、爱德华·扎德洛奇（Eduard Xatruch）、奥里奥尔·卡斯特罗（Oriol Castro）、阿尔韦特·亚德里亚（Albert Adrià——费朗的弟弟，也是工作室的创意总监）和甜点主厨马特·卡萨纳斯（Mateu Casañas）。除此之外，费朗还会从每年加入斗牛犬餐厅的年轻实习厨师中选择三位参加创意会议，即所谓的“实习”。

这些年轻厨师（亦被称为实习生）刚来到餐厅的时候，可能从未想过他们有机会加入创意会议。接下来几周，实习生会进行轮换，不同的实习生会轮流体验正在进行的开发工作。开发新菜肴的过程和菜肴本身一样重要，有时，创意会将我们带到超出预想的方向。

“对于创意，重要的不是你想找什么，而是你找到了什么。”

来一杯咖啡

一杯拉瓦萨咖啡是团队工作最棒的开始。单凭个人是无法带领斗牛犬餐厅达到新的创意高度。创意团队的核心——费朗、阿尔韦特和奥里奥——已经一起工作12年了，而整个团队的凝聚力之宛如大家族般。也许没有其他餐厅能够每年都创出完全不同的100多道菜，如果没有斗牛犬餐厅强的创意团队，这根本无法实现。他们不断测试新想，其灵感可来自各处，并且不断搜寻下一个全新的念或技术。

“受影响和抄袭之间仅一步之遥。”

开始试味

在早晨晚些时候，创意团队犹如马达一工作，踏实、高效。厨房员工通常于14:30抵达因此在晨间，创意团队可以独自享用这350平米的工作空间。这份宁静是真正的奢华享受。

烹饪中的创意层次各有不同。你可以完依照食谱，也可以在食谱的基础上加入自己理解，或者自己发明一款食谱，或者发明全新烹饪技巧，又或者创造全新的专业术语。所有些都可以是富有创意的，但最后一项代表了最层次的创意水平，这也是斗牛犬餐厅努力想达到的。所有这些都是基于技术理论经验、敏的味觉，良好的管理和大量的工作积累。

“只有想变得有创意的心还远远不够。

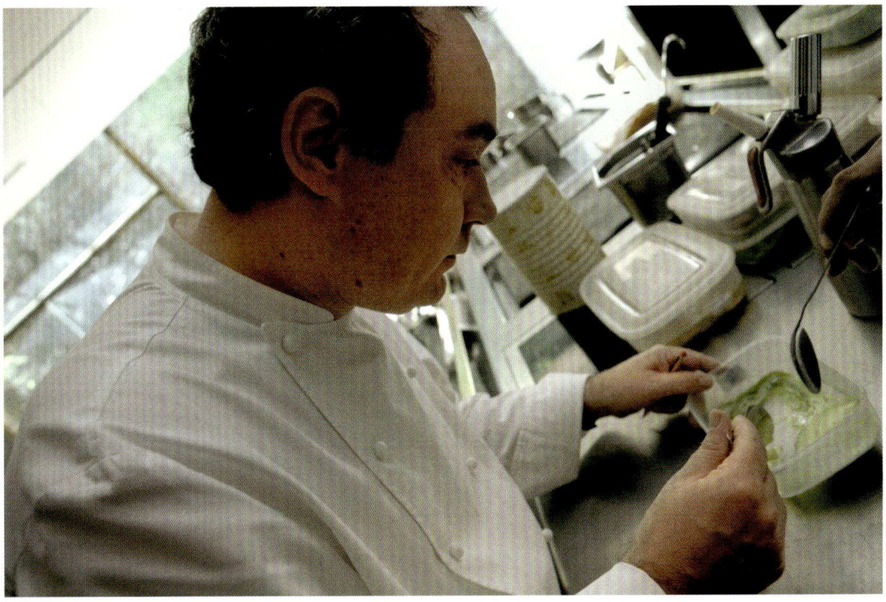

11:40

灵感文件夹、笔记本、试菜和创意记录档案

创意笔记本中记录了各种灵感、概念、照片和新菜的草稿；创意团队的每位成员都会使用和维护创意笔记本。巴塞罗那的工作室和餐厅中各编有一本创意笔记本。每天，费朗都会从笔记本中找出一个点子作为当日会议的起点。厨师们可以很轻松地从这么多年来整理好的几百本笔记本中寻找新的点子或对结果进行比较。

档案显示了菜肴是如何发展的，这可以为开发新菜提供许多有用的出发点，但笔记本并不能一直解释灵感的来源。

“所有的创意想法都可以追根溯源，但存在并不总是需要理由。”

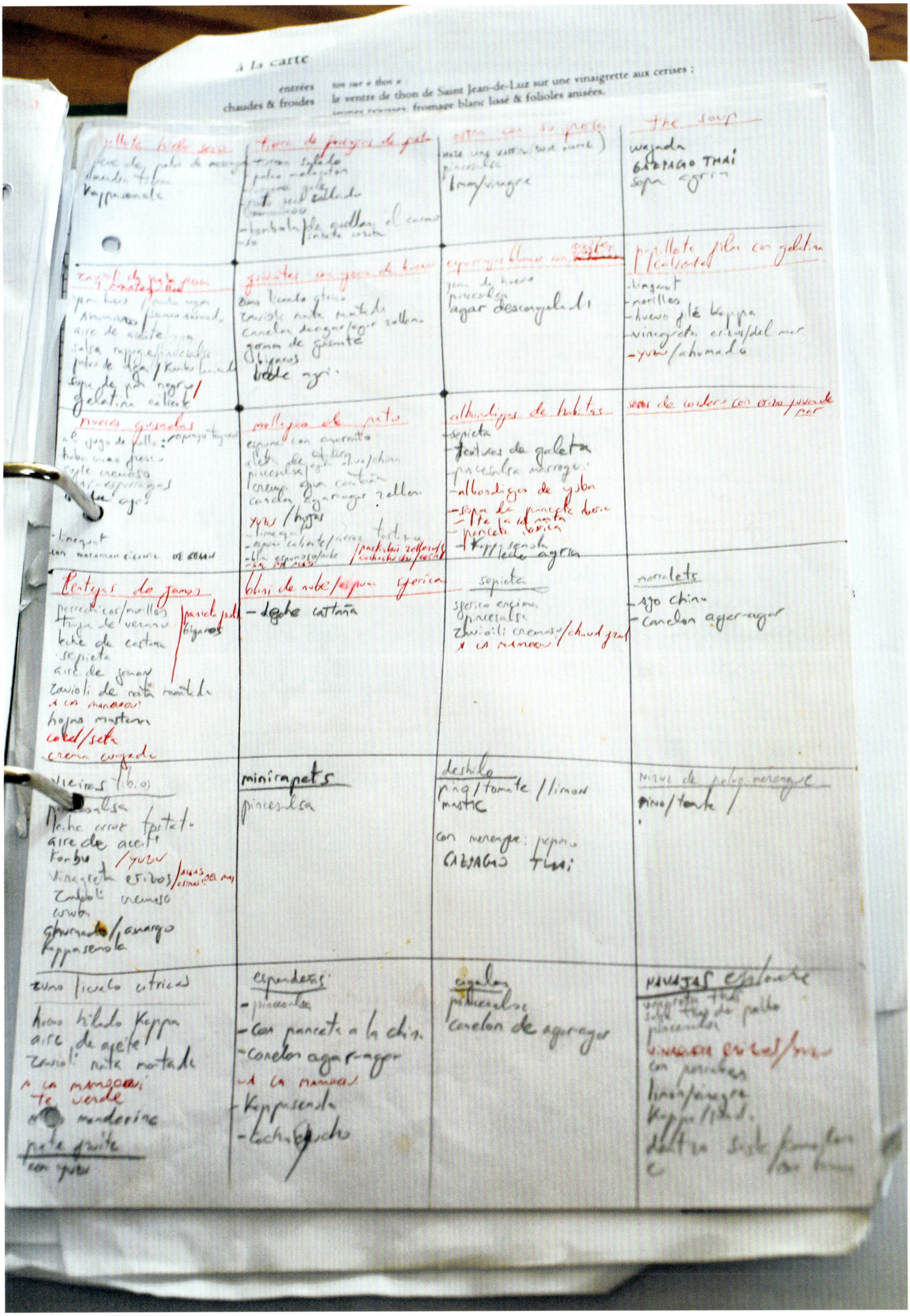
à la carte
entrées
chaudes & froides
le ventre de thon de Saint Jean-de-Luz sur une vinaigrette aux cerises ;
fromage blanc lissé & folioles anisées.
the soup
minirapets
deshilo
navajas

11:50

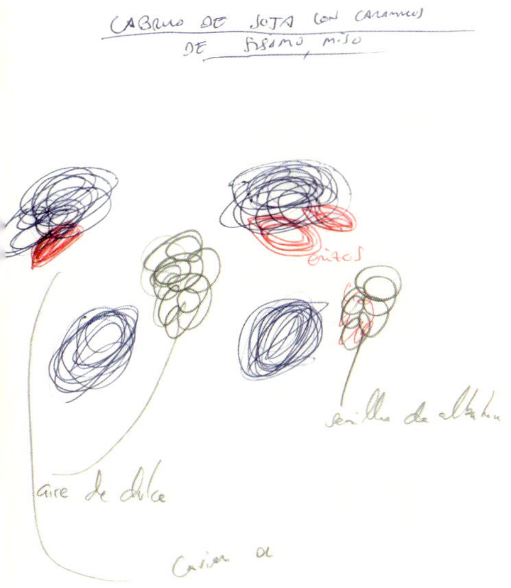

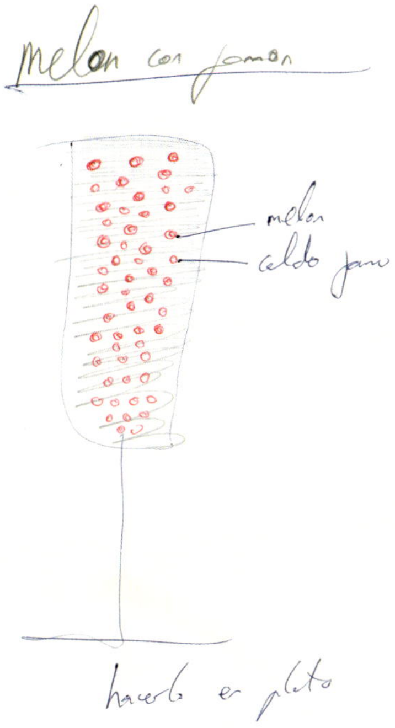
melon con jamon
melon
hacerlo en plato

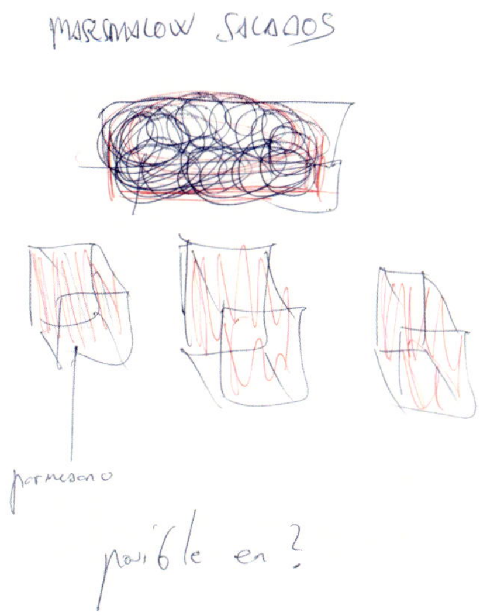
parmesano

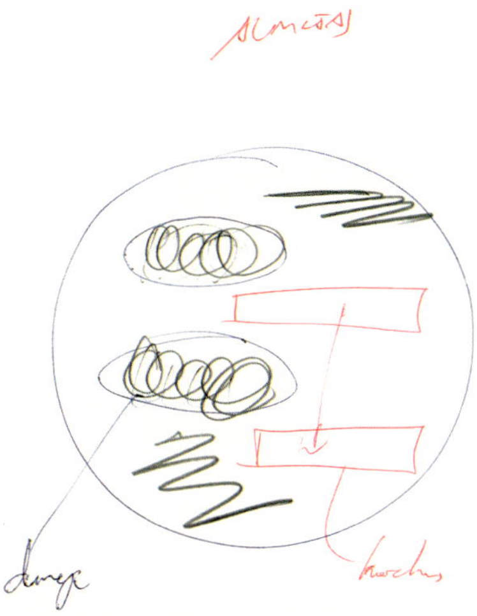

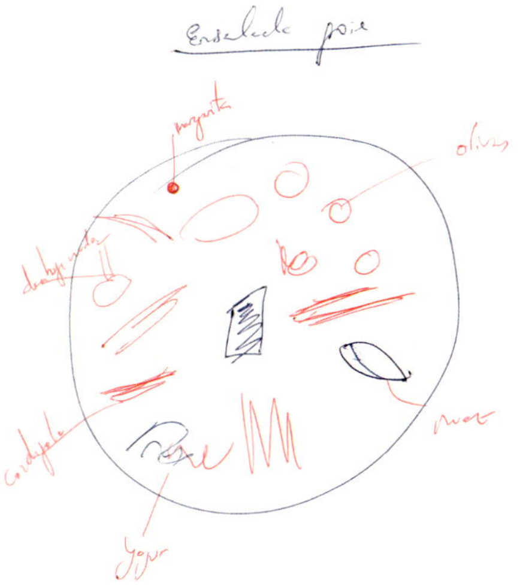

在菜肴的开发过程中，对每个阶段进行摄
对建立创意档案来说是至关重要的。创意会
需要定夺菜肴最终的制备和展示，而对结果
亍快照也是对另一个步骤和成就的记录。

开发新菜有多少出发点?

从技术、概念、口感和新的食材等角度
发改编或解构现有的菜肴,可以为新菜的研
寻找到不同的出发点。每年不同的创意会议
得越来越重要。

每天,创意团队会对不同的准备技巧和
法进行探索。奥里奥尔尝试制作的方形意大
面让他能够测试新凝胶介质的口感,如果最
结果令人满意,这个技巧就会用在其他的菜中
特殊的香草压榨机用来从发芽玉米中榨取
水,这一操作用普通的榨汁机是无法实现的。

一道菜的发展阶段

探索、触摸、试味、分析，所有这些都会
打开不同的思路，最终形成一道新菜。

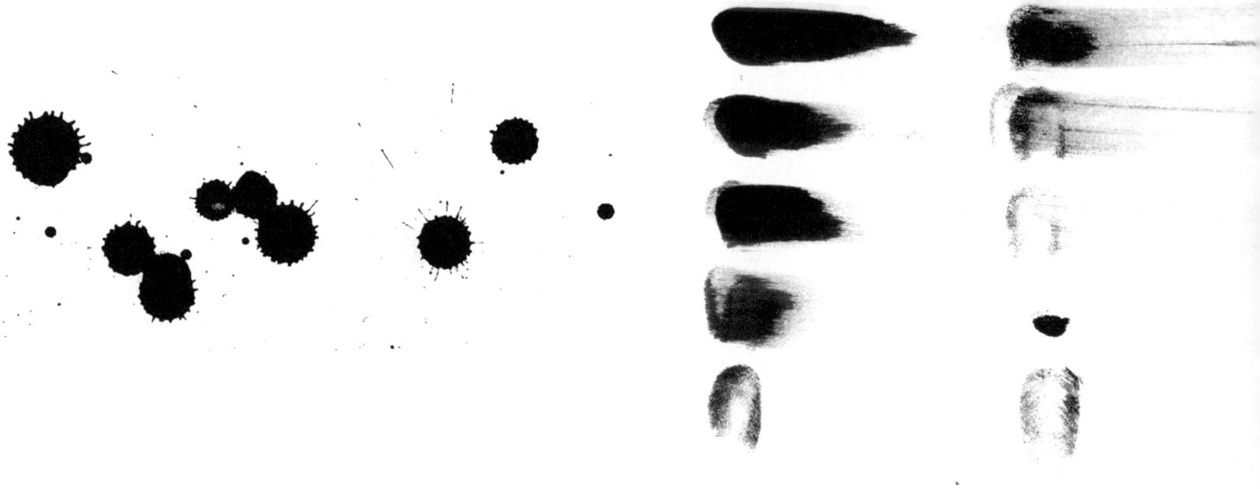

1. 在巴塞罗那的办公室，创意团队的某一成员会想出一个新技术、新概念或新菜品。

2. 通过使用一种或多种创意方法，甚至凭直觉工作，灵感才会得到发展。

3. 开始测试，测试结果会通过照片记录下来，并保存在创意笔记本中。如果灵感是关于新的技术，那么此项技术会先在比较中性的食材中进行测试，比如以水或淀粉为基础的食材。

4. 这些测试会经过厨师们智和味觉的分析，可能会对照斗牛犬餐厅之前看的风味组合表。

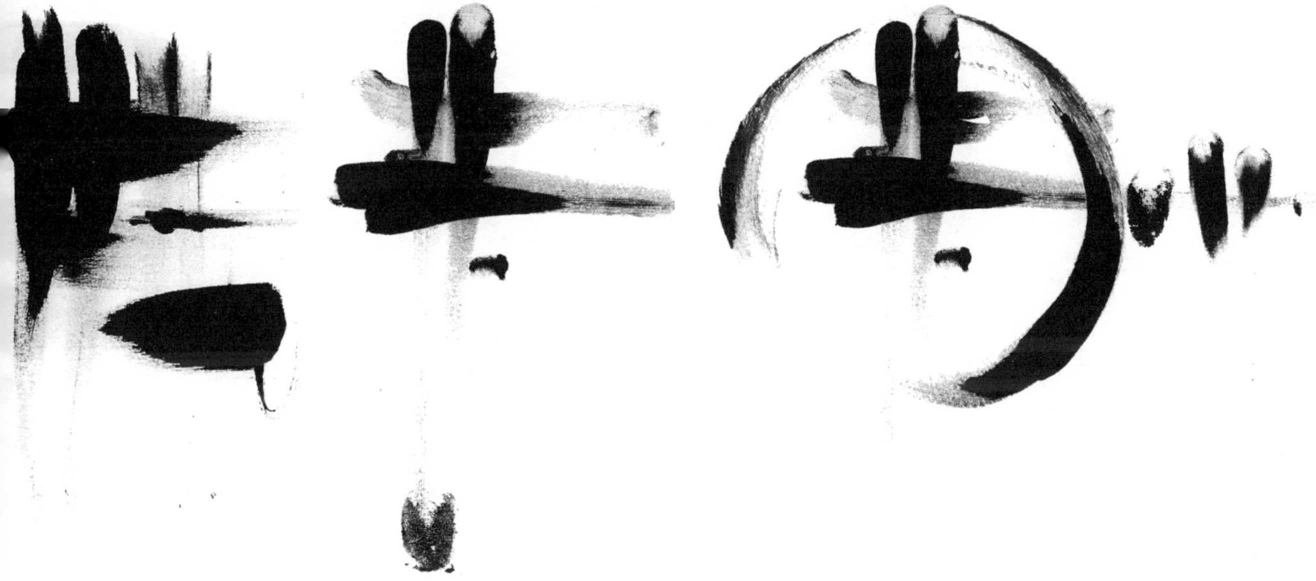

进行最终测试，在斗牛犬餐厅的厨房中做出正式的一道菜，这成为菜肴雏形。

6. 斗牛犬餐厅会正式供应新菜。创意团队的成员会将他们的观察结果或首位客人的反应考虑在内，从而完善菜肴。

7. 新菜会进行细微改进。改进的方面包括让新菜更容易入口，加强或弱化口感间的对比，或改变摆盘的方式。

8. 一旦完成，新菜会列在总菜单上。

一个新的灵感就是从蛋白质的试验中获得。如下图，奥里奥尔用虹吸瓶制作泡沫，随后对其行冷冻，再进行冻干。

对食材或农产品进行观察，并尝试不同的操方法，这样有助于找到新的处理和准备方法。

我们从罗望子中提取果肉，将
望子皮用于制作罗望子浸液。

费朗用不同的方法切蒜叶婆罗门参。尽管看起来很简单，但这是最基本的用蔬菜进行试验的方法，并可以发展出完全不同的蒜叶婆罗门参的使用方法。

精神味觉（注）

多年来餐厅的工作、数千种食材的风味和质感、无数的工时、菜肴的测试和试验共同形成了主厨的思维数据库。

思维数据库提供捷径，让试验更有效。厨师们可以通过其对食材风味和口感的学习来想象某种食材与另一种结合会产生何种变化，以此来减少测试新组合所需的时间。我们会保留每道菜的风味组合列表，这也是参考工具之一。如果没有思维数据库，测试过程会变得相当冗长。

烹饪是一种判断，思维味觉会不断发展。比起烹调，厨师们应该更擅长测试。

"让你爱吃的东西告诉你该怎么做。"

注：精神味觉：厨师在工作过程中积累的对食材风味的某种记忆或印象，就像不真正食用也能想象出食材的味道。

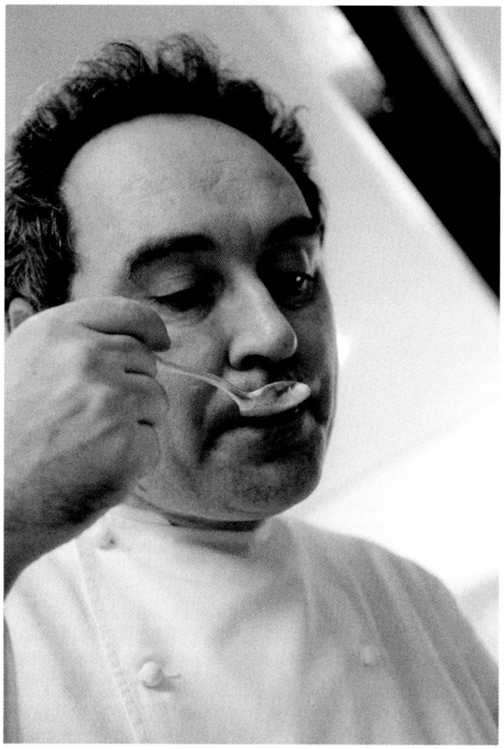

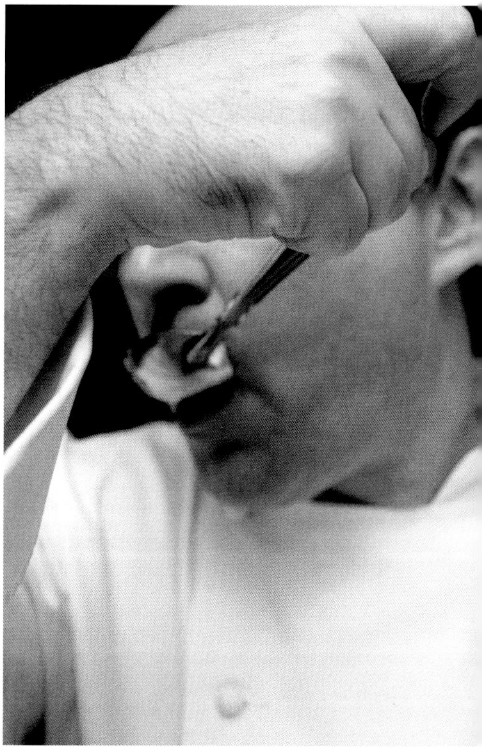

知识对产品判断至关重要

厨师们手里的食材就是原材料，而菜肴的品质很大程度上依赖于选择的原材料。斗牛犬餐厅的理念是与每个食材建立公平、无偏见的关系，以食材为本。在牢记了食材的固有属性后，我们必须按常理的方法，以全新的角度去研究。

要理解每个食材最基本的特性，厨师们必须往返于市场之间，这样做并不是为了斗牛犬餐厅的日常营运，而是以研究为前提去购买食材。通过这样的研究，厨师可以理解食材的所有特性，并最大化地利用它们。用手触摸、悉心把玩和从各个角度审视食材都是必要的——就像寿司大师下刀前先审视金枪鱼一样。这样做，可以理解食材的形状、密度、重量和尺寸。

对食材进行思考可以摒弃那些深深扎入人们脑海的——不仅仅是客人，还有厨师本身——先入为主的观念。比如，所有可得的香料传统上都用于某种特定的菜。因此，如果在甜点中发现胡椒或藏红花，在沙拉中发现香草荚可能对我们来说会很奇怪。如果我们试着不墨守成规审视这些食材，我们会发现香料其实既不是甜味的，也不是鲜味的。所以，如果把香草荚加入土豆泥中，唯一需要考虑的是香味组合是否和谐有效。同样地，如果我们在甜点中加入新研磨的胡椒，其实是融合了非常有趣的元素。

需要记住的很重要的一点是，直到最近人们才想起高级料理中基本食材的重要性。盐、水、鸡蛋、牛奶及其衍生产品、面粉和糖对烹饪来说是至关重要的支柱，至少对西方传统而言是如此。如果从经典或传统烹饪书籍的食谱中将这些元素抹去，我们不可能成功做出任何菜肴。但厨师们鲜少将这些食材列为自己的最爱，因为厨师们太想当然了。其实，这些食材需要得到与其他一些地位高的食材同等的关注。鉴于地位高的食材的重要性，我们应该总是使用最高品质的产品。厨师总是会检查龙虾的质量，但并不会把面粉或盐当回事儿，认为后者品质都差不多，但其实不是。

随着多年的发展，斗牛犬餐厅针对材料来源和食材购买的理念可大致归纳如下：

1. 任何关于某种动物/植物品种已知的信息都会影响我们在该品种内如何选择正确地食材。

2. 每个种类中可能有许多不同的食材，且每种食材都有其特性。承认自己对食材的认识是有局限性的，这是非常重要的，这样才能对每种新的食材始终保持好奇。

3. 一种食材应该从两个层面进行考虑：美食的（通过试吃和研究）以及科学的（通过理解其特性和化学组成）。

4. 对食材的知识和理解包括存放的温度、条件以及最佳的品尝时机。例如，龙利鱼在捕获后的第二天风味最佳；但沙丁鱼必须在捕获当天食用，因为沙丁鱼油脂含量较高，所以更容易变质。

5. 选择食材时，对生态和环境的尊重也是重要的考虑因素。这是斗牛犬餐厅20多年来的方针。

6. 在斗牛犬餐厅，如果食材品质上乘，我们总是优先选择本地食材。世界其他地区的高品质食材我们也会使用。

7. 所有食材都需依照其美食学价值进行评估，而不是它本身的价值。因此，最好的食材并不一定是最昂贵的。从传统上说，青杏仁和小龙虾在美食界的地位并不平等，但今天，这两种食材都被视作有着相同的美食价值，用它们可以创造出绝妙的全新食谱，因此售价也水涨船高。沙丁鱼、海鲈鱼、洋蓟和松露被一视同仁是有据可循的。而且，需要重新审视到底是什么潜在地支配了食材的选择——无论如何绝不应该是食材的价格或世俗的声望。我们这么做并不是说轻视珍贵食材，比如松露和鱼子酱，不论如何此类食材都是价值很高的。

8. 除了肉类和鱼类，大部分食材既属于甜味世界也属于鲜味世界。其中当然包括某些天然就带有甜味的蔬菜，比如甜菜根或胡萝卜，但其他大部分食物类别也可以同时运用在甜食和咸食之中。

9. 一种新食材可以激发出千百种新菜肴。食材的特性可能会发展出新的烹饪技巧和概念（比如芒果意大利饺），或对现有的烹饪技巧引申出新的运用方法。

1988年，随着最早的创造方法开始发展，创意团队从不同科目中开发出了对食材进行分类的系统。这些分类延伸了每种食材的创意可能，因为如果某种特定的烹调或制备手法可运用在某个科目的某种食材上，该方法就能运用在该食材科目中的任何食材中。后来，我们发明了用符号来代表每种食材的科目。这些分类永远以美食为基础，而不是以科学进行分类。

气体
鱼
甲壳类
贝壳类
其他水产
罐头食品
酱汁和调味料
杂
海藻
蔬菜
水果和莓子
蘑菇和松露
麦片谷物
面包、面团和酵头
果汁和软饮
豆
种子
花
幼芽和豆芽
新鲜香草
坚果
烟熏产品
茶类、浸液和咖啡
毛野禽
肉类
带羽野禽
禽类
肉类和禽杂碎
鸡蛋
烈酒和其他酒类
盐渍和腌渍产品
肝
鱼子酱和鱼子
可可和可可制品
酵母和醒发介质
黄油和其他油脂
奶酪、牛奶和其他乳制品
葡萄酒
干意大利面和新鲜意大利面
肪和植物油
面粉、意大利粗粒小麦粉和淀粉
糖
盐
醋
稳定剂和凝胶介质
干香草和香料
果酱和抹酱
干和脱水制品
干果和蜜饯
香肠
盐腌和风干制品
其他

斗牛犬餐厅的食材从哪里来？

尽管斗牛犬餐厅在寻找食材方面没有任何地理设限，但大部分食材来自加泰罗尼亚。某些食材甚至就在斗牛犬餐厅周围开启自己的生命之旅，比如青松果球是从花园里收集得来的（我们也从花园里采集新鲜的松子），青口贝和海胆来自克雷乌斯角，还有本地品种的仙人掌。

大约70%的食材来自西班牙：

- 加泰罗尼亚：鱼类、贝壳类、蔬菜、蘑菇和松露、肉类、鸡蛋和乳制品、干果和坚果、水果和油脂
- 巴伦西亚：柑橘类和其他水果
- 阿拉贡：橄榄
- 安达鲁西亚：柑橘类和其他水果、橄榄和食用花
- 加利西亚：贝壳类和新鲜海藻
- 卡斯提尔：猪肉制品
- 西班牙其他地区：肉类、野禽和蔬菜

大约30%的食材来自其他国家和地区：

- 法国：肉类、奶酪和其他乳制品、巧克力、香料
- 意大利：奶酪和松露油
- 荷兰：嫩芽和水田芥、水果和食用花
- 希腊：乳香树脂
- 奥地利：葵花籽油
- 瑞士：坚果油类
- 俄罗斯：鱼子酱
- 印度：香料
- 中国：干果和蔬菜、香料和喜马拉雅盐
- 日本：干海藻、鲣鱼干、柚子
- 北非：摩洛哥坚果油、香料和库斯库斯
- 中南美洲：热带水果果肉和阿开木
- 北美：腌渍雏菊花蕾、面粉和糖
- 澳大利亚：香料和神秘果蛋白

食材被运送到斗牛犬餐厅

从西班牙其他地区和世界各地采购的食材会直接运送到斗牛犬餐厅，作为在罗萨斯和巴塞罗那本地采购的补充。（括号内的名字为供应商和经销商）

- 蔬菜、水果、乳制品和有机鸡蛋（JOSEP JULIÀ）
- 鱼类和贝壳类（AMADEU）
- 加利西亚的新鲜海藻和鱼类（PORTO MUIÑOS）
- 各类农产品（GUZMÁN AND GURMALIA）
- 法国农产品，大部分是乳制品（LOMPRE）
- 意大利产的松露油和马苏里拉奶酪（TOSCOBOSCO）
- 摩洛哥香料、库斯库斯和香草（FRANCESC CULLELL）
- 法国产的香料（CHATILLON）
- 莱里达产的蘑菇和松露（LAUMONT）
- 瑞士和摩洛哥产的坚果油（GEMMA SARL）
- 奥地利产的葵花籽油（FAMILIE ENGL）
- 巴伦西亚和安达鲁西亚产的柑橘类（NARANJAS LOLA）和食用花（AGRÍCOLA ROLANDIS）
- 马拉加的野花（SABOR Y SALUD）
- 冷冻果肉和烘焙制品（SOSA）
- 巧克力（VALRHONA AND CHOCOVIC）
- 白芦笋和洋蓟（LUÍS SAN JOSÉ）
- 奶酪（QUESOS CAÑAREJAL）
- 野禽（DE MIGUEL）
- 鹅肝（CAN MANENT）
- 蜗牛蛋和德里亚瓦内拉斯豌豆（FRANCESC RABASSA AND JOAN TRABALON）
- 干果和坚果（FOMENT AGRÍCOLA DE LES GARRIGUES）
- 鸭制品（COLLVERD）
- 面包（TRITICUM, LA TORNA AND PA TONET）
- 海胆和岩石滩贻贝（LINARES）
- 伊比利亚火腿和其他猪肉制品（JOSELITO）
- 油脂（OLIVIAS）

ferran adrià
by ARMAND BASI

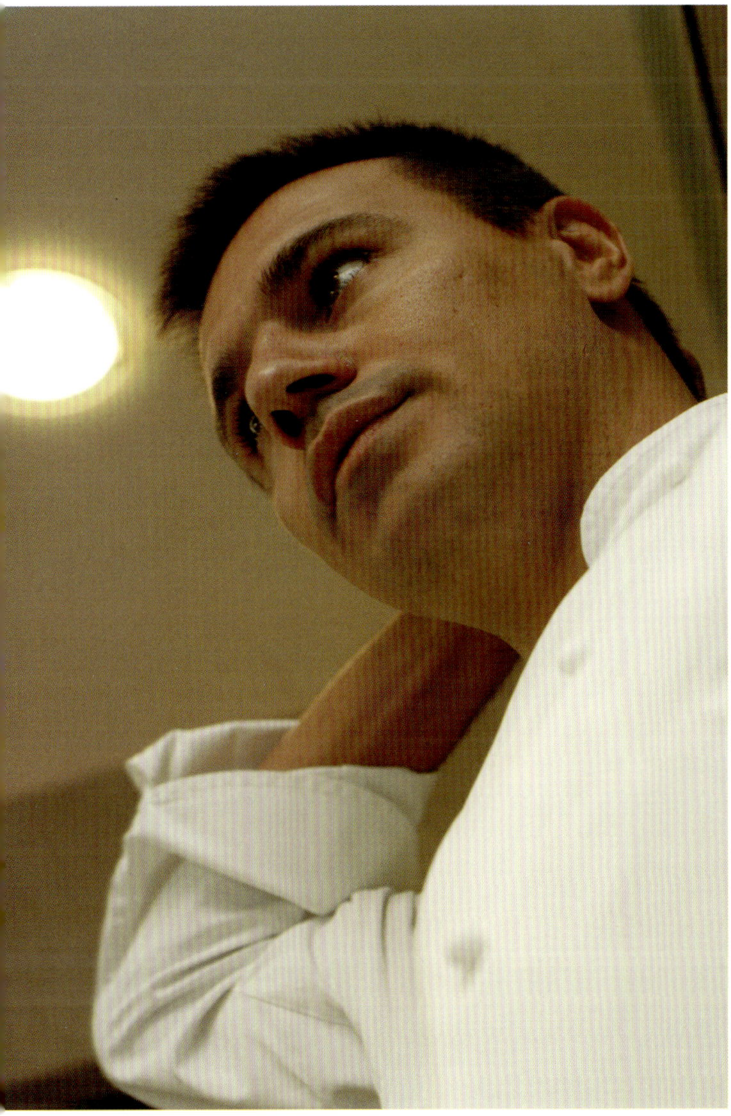

12:30

—

检查进货

质量至关重要，因此需要仔细检查。然而，任何高级餐厅都应该用可获取的最好的食材进行烹调，并在采购时遵循环境的可持续发展，对食材怀有崇敬之心。如果厨师们对食材的质量和由来滔滔不绝，可能他们在自己的菜肴上没有太多的谈资。

LAVAZZA

ORDOÑEZ

12:35

在罗萨斯购物

物流经理何塞·马里（Jose Mari）手握购物清单，他会采购斗牛犬餐厅所需的大部分食材，不管是主要的营业用菜单上的食材，还是员工餐所需的食材。贝壳类、鱼类、肉类、香草、面包、蔬菜、水果和食用花仅是众多需要精心挑选和检查的食材的一部分。

在邮局

何塞·马里的差事从邮局开始，他会为斗牛犬餐厅收取包裹和信件。

在Amadeu公司采购鱼类

在市场，何塞·马里会接收由巴塞罗那Amadeu公司特别为斗牛犬餐厅订购的鱼，鱼会在晚上送到。这就好像仅在斗牛犬餐厅几千米外就有一个小型的麦卡巴纳市场（麦卡巴纳市场是巴塞罗那市郊外的大型批发市场）。

采购产自克雷乌斯角的贝壳类

斗牛犬餐厅所需的部分贝壳类食材由当地海鲜专家马诺洛（Manolo）供应，何塞·马里会从马诺洛手中采购最棒的贝壳类和甲壳类。马诺洛是克雷乌斯角地区仅有的三名持有捕获贝壳类执照的渔夫之一。

为员工餐采购面包

何塞·马里会从Forn Cusí面包房购买三打面包，这足够员工的午餐三明治和晚餐所需。

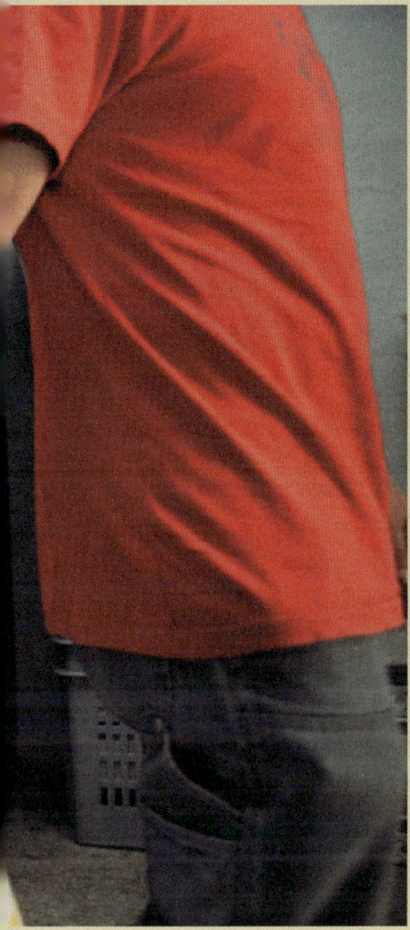

从金塔尼亚兄弟手中购买肉类

金塔尼亚（Qnintana）兄弟是与斗牛犬餐厅合作时间较久的供应商之一。肉类在前一天晚上下单，用来制作斗牛犬餐厅营业所需的高汤、酱汁和员工餐所需的肉类菜肴。

“塞尔韦拉·斯帕尔”超市

这间超市的老板会说多国语言，他的客户遍布全球。在这里可以找到稀有的外国产品。此外，不久之前，这间超市还是提供本地昆布的供应商之一。

马特乌园艺中心

斗牛犬餐厅使用的香草都从园艺中心采购，种在花盆里并放置在斗牛犬餐厅，这样香草在菜肴中才能保持新鲜。

从“圣地亚哥斯”采购水果和蔬菜

“圣地亚哥斯”是斗牛犬餐厅的另一家长期供应商。事实上，这间家庭公司刚刚起步的时候，连实体门店都没有，水果和蔬菜都放在货车上贩卖。“圣地亚哥斯”的老板永远愿意尽他所能帮助斗牛犬餐厅，因此他总会提供特殊的食材。

罗萨斯的玫瑰

一周有两三次，何塞·马里会到本地的花商那里购买斗牛犬餐厅餐桌装饰所用的玫瑰。此外，花也会作为食材使用。花商们会确保整季都提供状态最佳的鲜花。

购到货

在市场里采购的鱼会与何塞·马里采购的
他食材一起到货。爱德华·扎德洛奇负责品
在食材全部到达餐厅后，他会检查所有商
确保它们全部合格。

一道菜的历史

冻干法激发了团队的想象力。这里，先对开心果泡沫进行冻干试验，用升华法使泡沫完全脱水（升华是指将液体变成气体）。将泡沫迅速冷冻，再加压，这样冰晶会直接变成气体。

我们会将冻干后的开心果泡沫碾碎，并与液体混合。随后，再将冻干开心果泡沫分成大块，此时外观类似鲜味开心果糕。

接下来，会在开心果糕中加入开心果的经典风味搭配——松露。松露以汤汁的形式出现，并加入天然凝胶介质黄原胶。最后，会点缀少量酸味，几天后，我们决定加入特殊的橘子风味，以泡沫的形式呈现在菜中。

菜品开发完成后，我们会开始进一步的测试，并对最终结果进行分析和评估。我们会根据厨师们的感觉，以及随后客人的反馈做出决定。

阿尔韦特加入斗牛犬餐厅

阿尔韦特·亚德里亚较费朗晚1年，于1985年加入斗牛犬餐厅。费朗对餐厅的热情感染了阿尔韦特。阿尔韦特首先完成了2年的学徒期，其间在餐厅的每个档口学习。在像斗牛犬餐厅这么独特的餐厅里工作，阿尔韦特每天都很激动，因为每天都能学到很多新的知识，这些点燃了他对食物的热情，尤其是甜点。为了继续自己的训练，当斗牛犬餐厅于冬季闭馆时，阿尔韦特会到西班牙的弗朗西斯科·托雷布兰卡（Francisco Torreblanca）和法国的居伊·萨瓦（Guy Savoy）等著名甜点师和大厨的餐厅工作。1998年，在首个创意工作室的建立中，阿尔韦特的作用至关重要，尽管工作室不过是1张桌子、4本书和几把椅子。当工作室搬到现有地点后，他成为创意总监，负责为每季创造全新的菜单，包括甜点和菜肴。从这时起，他的职业生涯与费朗和奥里奥尔密不可分。2006年，他在巴塞罗那开设了自己的餐厅，“Inopia Classic Bar”，供应传统西班牙餐前塔帕斯。在斗牛犬餐厅，阿尔韦特是饼房主厨，他也负责沟通菜肴和甜点档口。

“创意指的是每天都改变想法。”

modu
202
02
161
03

alva

马特和阿尔韦特并肩工作

马特、阿尔韦特与费朗、奥里奥尔的工作相互独立，尽管他们的经验可能会互相重叠。他们的工作包括鸡尾酒、小吃（尽管这些是鲜味的）、甜点及其变体。

阿尔韦特以干燥的蛋白霜作为开始。他在其中加入松脆的冻干百香果，再试图将混合物变成粉末。

最终，将甜菜根玫瑰脆片插在蛋白霜中，做成甜点“甜菜根玫瑰与草莓精华雪芭”。

如图所示为大型的半球形盐球的制作过程。半球形成型后，中心会被挖空，晾干。半球形可以用作盖子，盖住别的食物，也可将两个半球形拼合起来变成球形。

这个想法的源头已几乎无处可寻，但可以确定的是，始终保持好奇心，并不断尝试是很有帮助的。

“想法很简单——有就好了。”

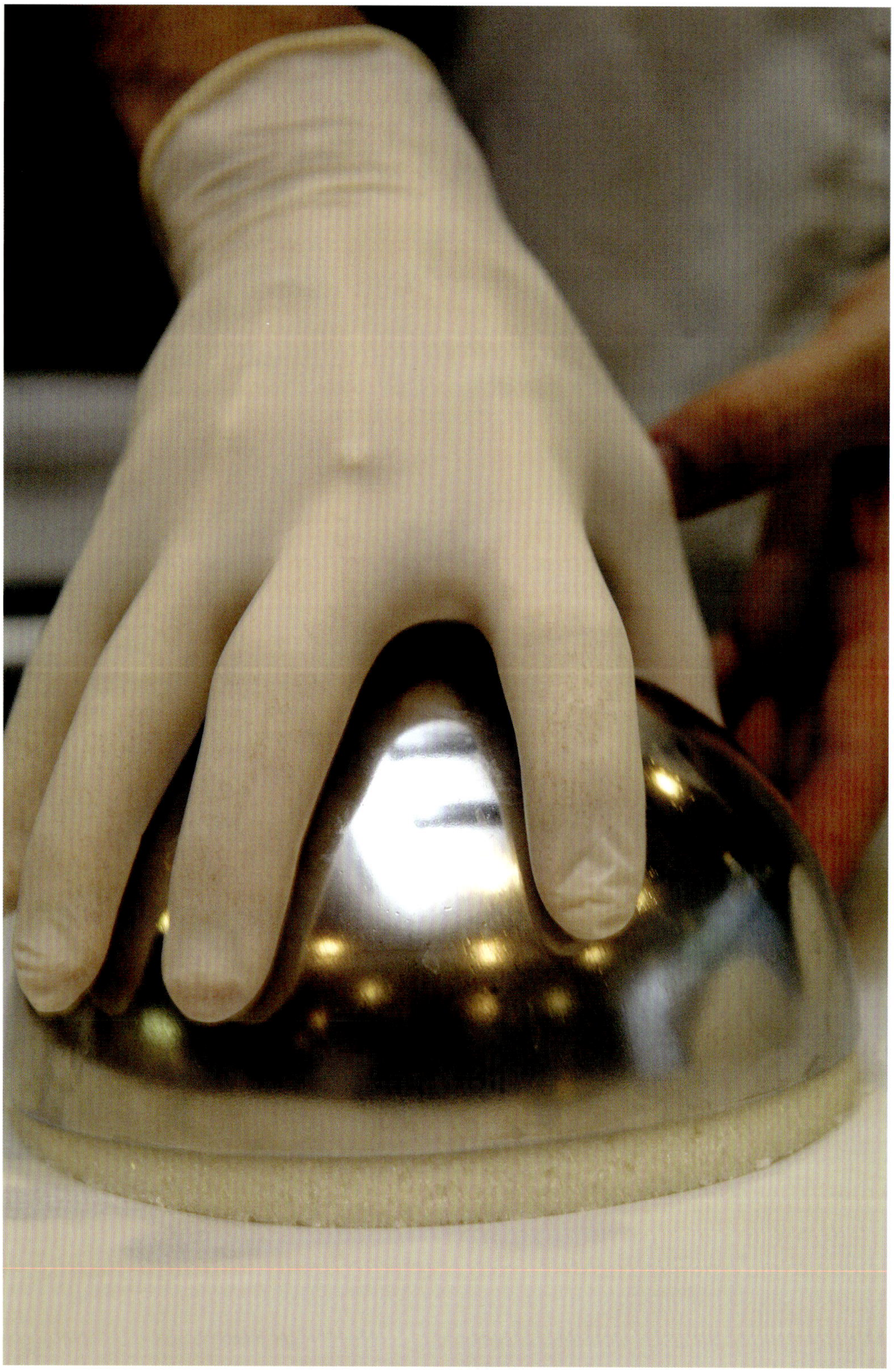

El Bulli

阿尔韦特试着用不同的食材，比如叶片、帕玛森奶酪或开心果碎裹住棉花糖，再查看哪种组合最好。最终，阿尔韦特选用了帕玛森奶酪和松子风味。

马特和阿尔韦特尝试用液氮创造新的概念，将椰浆做成叶片和花的形状。他们在模具上抹上椰浆，并将模具伸入-196℃的液氮中，椰浆迅速冷冻成形，进而可以脱模，但需要在它融化之前快速呈现给客人。

概念是决定菜肴的基本的质素，而不是食谱本身。一个概念可以引出许多不同的方法和新菜。

“概念得以打开新窗。”

Mateu
El Bulli

准备出菜单

15张桌子需要15份出菜单。出菜单上列出了每位客人会品尝的菜肴，以及任何额外的饮食习惯信息。

每周一开始，费朗会从需要归档的菜单中选择大约50道菜。每天，阿尔韦特·劳里奇和爱德华·扎德洛奇会使用费朗的周菜单编写是日菜单。这大概需要1.5小时。除了创意工作，这是晨间他们为厨房团队所做的少数工作之一。

制订菜单需要将众多方面考虑在内：除客人的个人偏好和要求外，还有时令，比如食材是否可得、温度以及某些菜只能在某些气候条件下才能制作，比如“屈拉蒙塔纳风菠萝糖衣配帕玛森”便无法在潮湿的环境中制作，只有在春秋屈拉蒙塔纳风从北方刮来时才能制作。此外还有其他的实际考虑：某些菜使用的农产品太少见了，因此制作数量就很有限了。

之后，费朗会检查出菜单，必要时会进行改动。他可以凭借超强的记忆力牢记客人曾在斗牛犬餐厅已经吃过的菜，但仍有专门的数据库记录客人吃过的菜肴，以及其他饮食偏好信息。

13:35

预订本中的一页

预订系统是如何运作的？

经过了多年的辛苦工作，预订成了斗牛犬餐厅唯一令人不满之处。斗牛犬餐厅可容纳的人数与实际客流量差距悬殊，而且这个差距在持续拉大。扩张斗牛犬餐厅可能会暂时解决问题，但毫无疑问这会对斗牛犬餐厅带来负面影响。事实上，为了确保客人得到最棒的用餐体验，最好是每晚的客人不那么多。

另一个选择是，同时开放午餐和晚餐，并且每年斗牛犬餐厅持续营业10个月，而不是6个月。若是如此，我们会从每年供应8000餐提升到20000~30000餐。但是，随着斗牛犬餐厅每年收到几百万份预订单，我们婉拒客人的数量仍然非常庞大，而且我们的服务也会受到影响。

斗牛犬餐厅在冬天闭馆的决定首先是出于实际考虑，但随着时间的流逝，它变成斗牛犬餐厅一个固定的状态，因为这让创意始终保持活力，并且是斗牛犬餐厅的存活之道。每一季的新菜单需要用6个月时间的研发，任何会对创意活动造成改变或让步的行为都不是长久之计。如果斗牛犬餐厅营业时间延长，就不得不忽视本店最初的目标，我们的目标是异于常人，这曾为我们带来了重要的客源和收入，但现在我们可能因为为了照顾更多的客人前来用餐而将其完全放弃。客人们问，为什么斗牛犬餐厅一直都不提价，因为填补每个菜肴漫长开发时期的成本从来都不是我们的目标。很重要的一点是，斗牛犬餐厅不应该因其价格而变得遥不可及，这样的方针也意味着厨师们可以自由地将注意力完全放在创意上，而不是财政上。

我们仅能满足极少量预订中的改动要求，而且在安排座位的时候，我们有着严格的标准。虽然偶尔会为了特殊的生意或社交目的安排座位，但胡利和费朗极少会行使自己的权利。真正决定座位安排的是餐厅经理路易·加西亚（Lluís García）。餐厅闭馆的时候，会接受第二年的预订。我们将客人分为四类，这样才能公正地安排座位：1.首次来到斗牛犬餐厅用餐的客人；2.斗牛犬餐厅的回头客；3.西班牙居民；4.来自其他国家的客人。此外，客人们也会根据是否是特殊节日预订被分类，比如是否生日或纪念日，抑或是可变的预订日期。路易·加西亚会根据这些条件完成每季的座位安排（就如拼图一样）。这可不是一件简单的事。

From: Charles G. Giner
Sent: Monday 15 October, 7:58
To: bulli@elbulli.com
Subject: 2008 Reservation

Dear Mr Garcia,

I would like to request for a reservation for 2 people for dinner on any day in 2008.
I would appreciate the honour of dining at your establishment.

Yours,

Charles G. Giner

From: Thomas Charlus
Sent: Monday 15 October 2007, 7:47
To: bulli@elbulli.com
Subject: 2008 Reservation

Dear Mr. Garcia

I'm writing to enquire whether it would be possible to make a reservation for four people for dinner.
I would prefer a Friday or Saturday evening reservation in April, May, or September, but will be happy to take whatever is available.

Best regards

Thomas

ear Mr Giner

/e can accommodate your request for a table on:

riday 4 May 2007

table for 2 people at 7.30 p.m. in the name of **CHARLES G. GINER**.

erran Adrià will prepare a personalized tasting menu. You will try many different dishes which include any different ingredients. It is very important that we know **IN ADVANCE** if any of your guests have od allergies, or if there are any foods that they cannot eat.

await your response to confirm details of the reservation.

lease provide a telephone number on which we can contact you during your stay in the area.

ours sincerely,

uís García

lBullirestaurant

ala Montjoi - 17480 Roses

/E DO NOT RECOMMEND USING SATELLITE NAVIGATION SYSTEMS TO TRAVEL TO CALA ONTJOI. PLEASE SEE OUR WEBSITE FOR DIRECTIONS.

el. +34 972 15 04 57
ax. +34 972 15 07 17
-mail: bulli@elbulli.com
/eb: www.elbulli.com

Dear Sir,

We regret that we do not have any tables available. This is because the number of requests for reservations increases year after year, and our maximum capacity is 50 people at each service (8000 people each season). We allocate these equally between people who have supported us throughout our development, people who wish to visit us for first time and people who have eaten here before but would like to return to see how our cooking has evolved.

We try to keep half of our capacity for people who have eaten here before, and the other half for new customers. We try to accommodate as many requests as possible, but due our limited capacity it is impossible to satisfy the demand for tables, or even to have a waiting list, as it would take many years to get through it.

We would like to thank you very much for your interest, and we remain at your disposal if you would like to review the situation during the season.

Our telephone number during the season is +34 972 15 04 57 (after 3.00 p.m. only).

Yours sincerely,

Luís García

Open from April till September

Dinner service only from 8.00 - 9.30 p.m.

Open for lunch instead of dinner from 1.00 - 2.30 p.m. **on Sunday during April, May and June**

Closed on Monday and Tuesday during April, May and June

ElBullirestaurant

Cala Montjoi - 17480 Roses

Tel. +34 972 15 04 57
Fax. +34 972 15 07 17
E-mail: bulli@elbulli.com
Web: www.elbulli.com

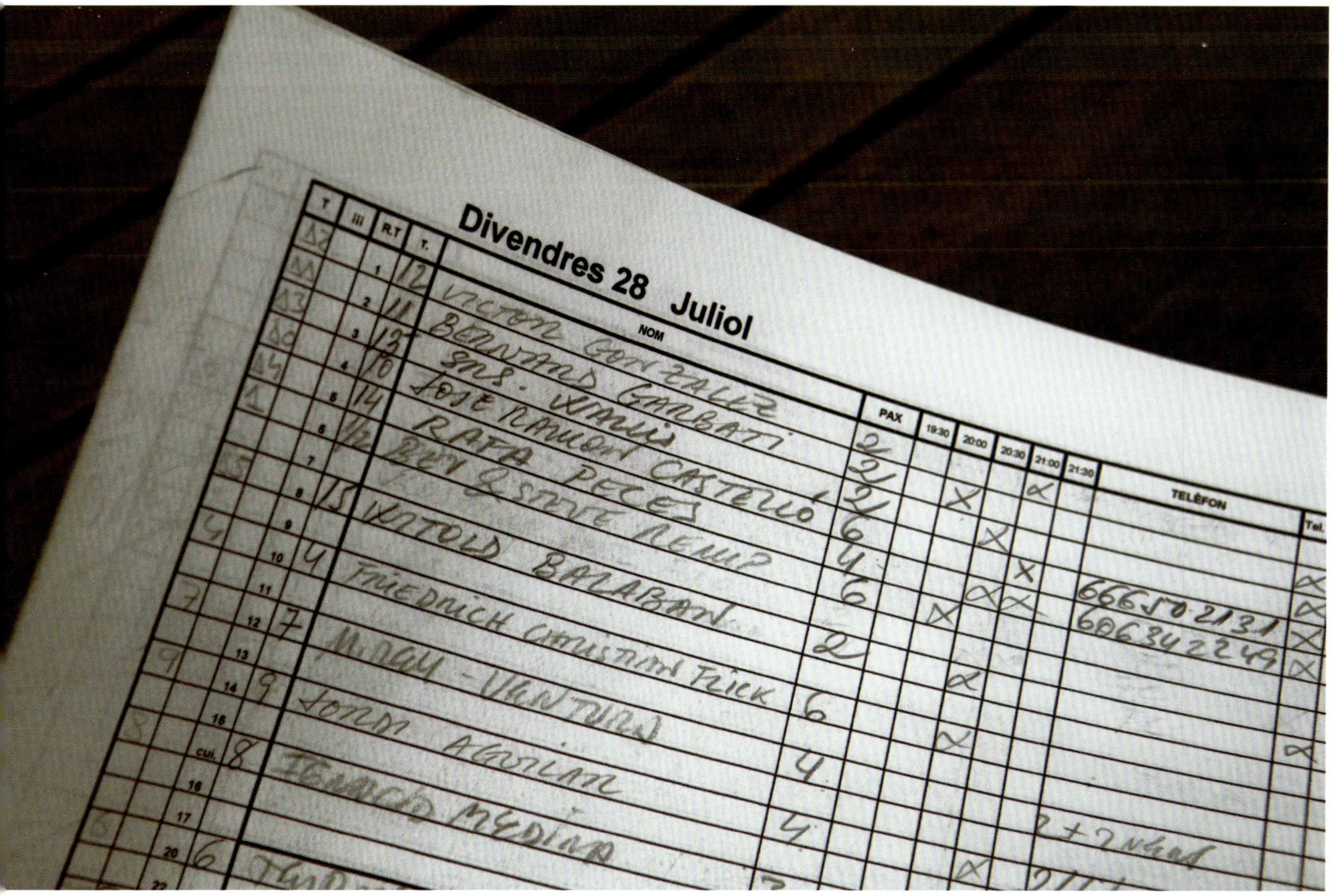
Divendres 28 Juliol
NOM
PAX
19:30
20:00
20:30
21:00
21:30
TELÈFON

13:40

核对预订

餐厅经理罗萨斯·加西亚抵达餐厅，他会与胡利一起坐在电脑前。在晚餐开始之前，他们俩会回复与预订要求和晚间营业安排有关的邮件、传真和电话。每年年底，他们会对几千封信件中的需求进行回复。

午餐时间

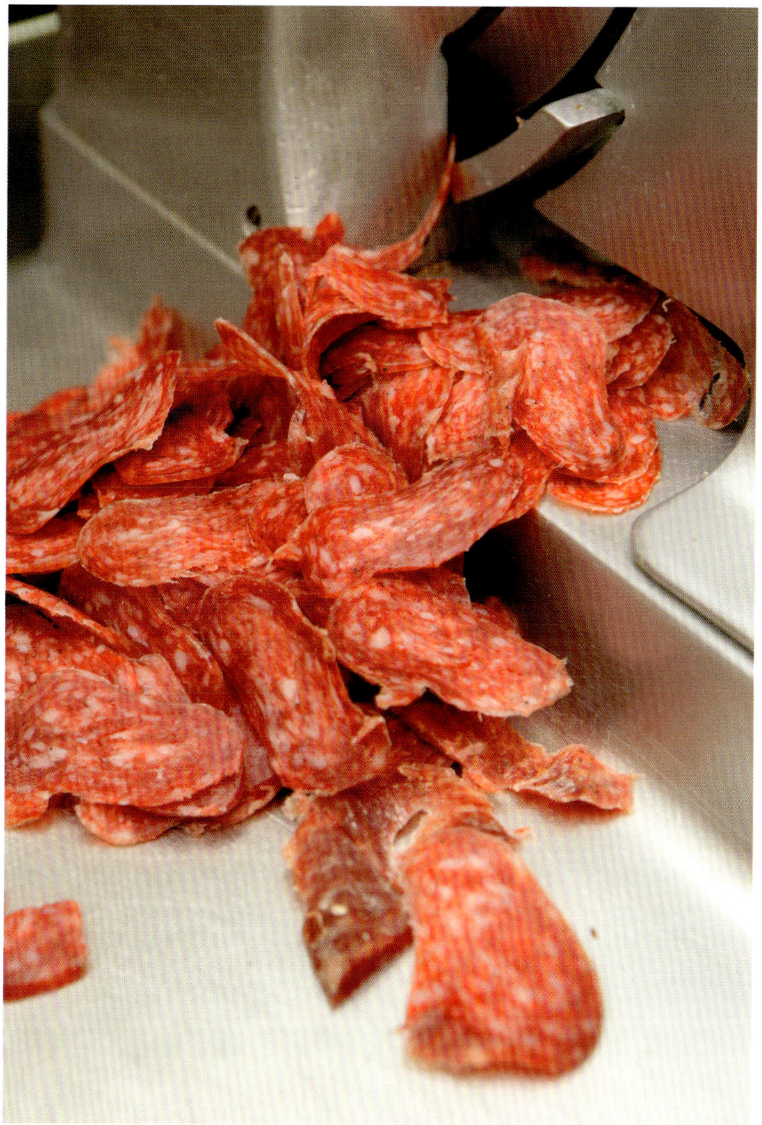

14:30

—

厨房团队的其他成员抵达

12小时的班次正等着他们。在罗萨斯住的6个月中（由斗牛犬餐厅提供住宿），厨师们会分批乘坐共享汽车往返于餐厅。

根据时节的不同，每个时期有30~40名厨师，13名为全职厨师，剩下的都是“实习生”。

实习生是从每年寄往斗牛犬餐厅的5000封申请中选择的，到目前为止共有14个国家的厨师代表在此工作。所有的厨师都对斗牛犬餐厅的体验有着巨大的热情，有些人6个月都无法见到他们的家人。许多人是首次加入团队，其余的人曾经在斗牛犬餐厅工作过。因为是从不同国家挑选的，所以厨房可以借此优势，了解不同饮食文化的知识和经验。

斗牛犬餐厅的团队

费朗·亚德里亚

阿尔韦特·亚德里亚（Albert Adrià）

胡利·索莱尔（Juli Soler）

厨房

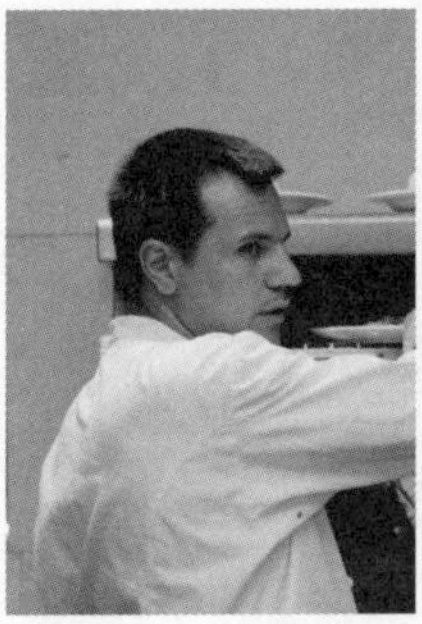

奥里奥尔·卡斯特罗（Oriol Castro，头厨）

阿尔韦特·劳里奇（Albert Raurich，头厨）

爱德华·扎德洛奇（Eduard Xatruch，头厨）

甜品世界

马特·卡萨纳斯（Mateu Casañas，头厨）

洛蕾塔·法内拉（Loretta Fanella，厨师领班）

鲜味世界

马克·普伊赫—佩伊（Marc Puig-Pey，厨师领班）

哈维尔·弗兰克特（Xavier Franquet，厨师领班）

豪梅·比亚尔内斯（Jaume Biarnés，厨师领班）

琼恩·伊纳基·蒙特罗索（Jon Iñaki Monterroso），卢卡·梅基那里（Luca Mecchieri，厨师领班）

毛罗·布福（Mauro Buffo，厨师领班）

厨房——实习生

费德里科·迪·基亚拉
（Federico di Chiara）

塞尔希·科塞拉
（Sergi Cocera）

达纳·勒瓦洛（Dana Revallo），
迪来特里·卡特里维斯（Dimitri Katrivesis）

乔治亚娜·西利亚达基
（Georgiana Hiliadaki）

詹姆斯·夏伯特
（James Shybout）

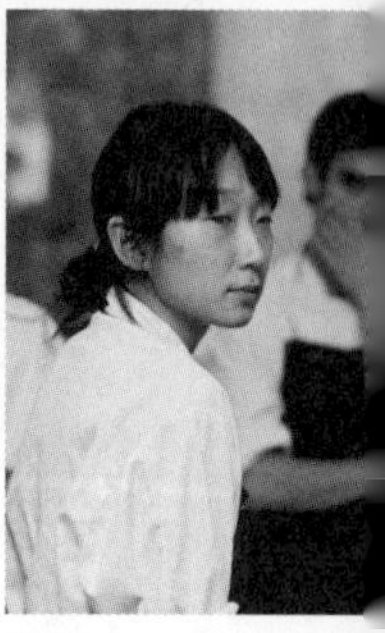

黄善珍
（Sunjin Hwang）

吉米·奥尔姆（Jimmy Holm），
吉列姆·佩雷斯（Guillem Pérez），
埃斯特万·布莱奥佐（Esteban Briozzo）

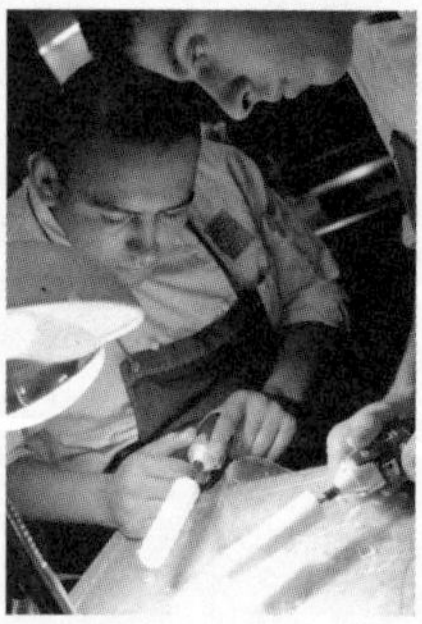

乔瓦尼·尤里
（Giovanni Yuri）

塞尔希·普伊赫
（Sergi Puig）

玛丽亚·安赫莱斯·巴拉达
（María Ángeles Balada）

奥斯卡·博施
（Oscar Bosch）

尼古拉·迪纳托
（Nicola Dinato）

阿毛里·阿邦丹扎
（Amaury Abondanz

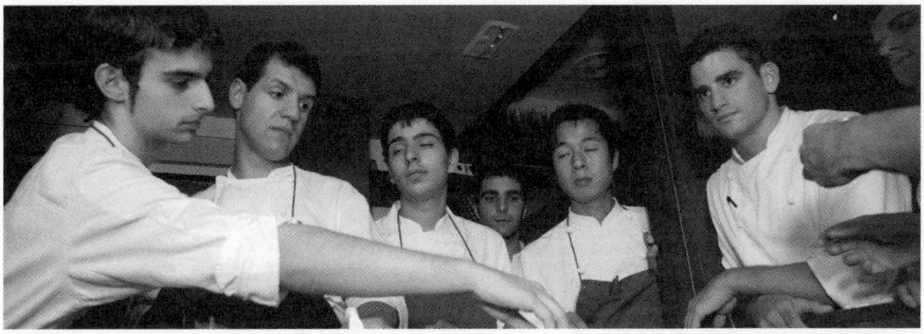

拉蒙·图德拉（Rámon Tudela），安德烈斯·孔德（Andrés Conde），戴维·维内特（David Vernet），达尼·涅托（Dani Nieto），小西哲也（Tetsuya Konishi），托尼·塞威尔（Toni Secviar）

丹尼尔·克洛瓦雷斯（Daniel Colovalles），霍尔迪·拜尔努什（Jordi Bernús）

埃尔南·多明格斯（Hernán Domínguez）

哈维尔·克拉（Xavier Quera）

安娜·马提翁（Anne Matignon）

茂吕武夫（Takeo Moro）

安娜·马卡（Anna Marçal）

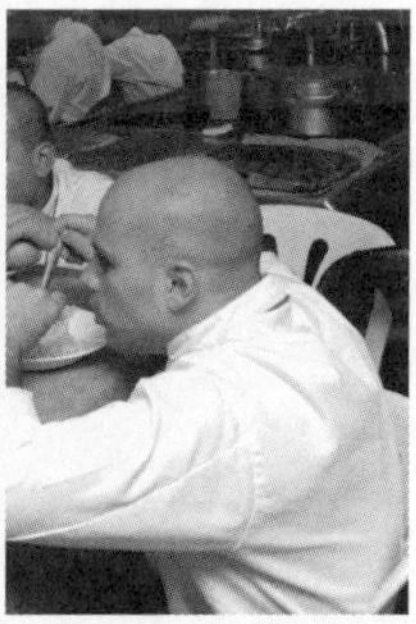

埃米利亚诺·皮蒙特尔（Emiliano Pimentel）

餐厅

路易·加西亚（Lluís García，餐厅经理）

珀尔·佩雷略（Pol Perelló，助理餐厅经理）
路易·比奥斯卡（Lluís Biosca，餐厅经理）

热苏斯·冈萨雷斯（Jesús González，助理餐厅经理）

餐厅

卢卡斯·帕亚
（Lucas Payà，侍酒师）

费朗·森特列斯（Ferran Centelles，侍酒师）

帕科·德·拉·奥尔纳
（Paco de la Horna，助理侍酒师）

戴维·洛佩斯（Dav
López，领班侍者）

费利克斯·马伊纳（Félix Maena，领班侍者）

安娜·格罗
（Anna Grau，侍者）

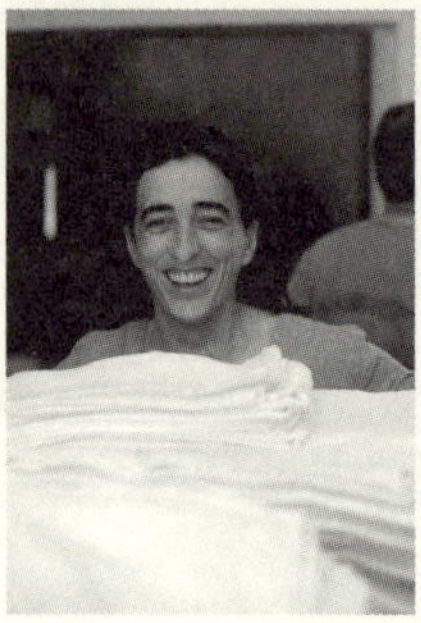

艾因扎内·恩德马诺
（Aintzane Endemaño，侍者）

克里斯蒂安·法里奥尔
（Christian Farriols
侍者）

马尔哈·富恩特斯
（Marga Fuentes，侍者）

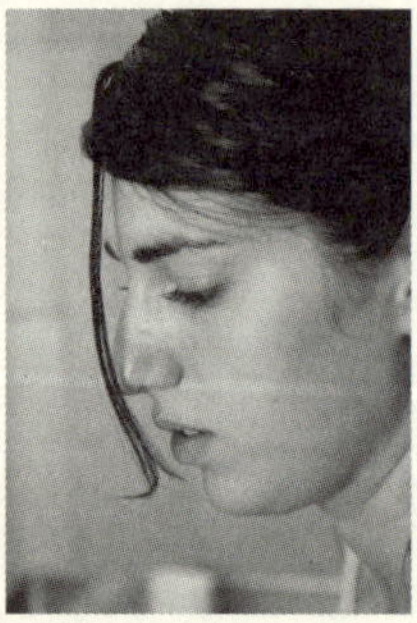

贝尔塔·洛佩
（Berta López，侍者）

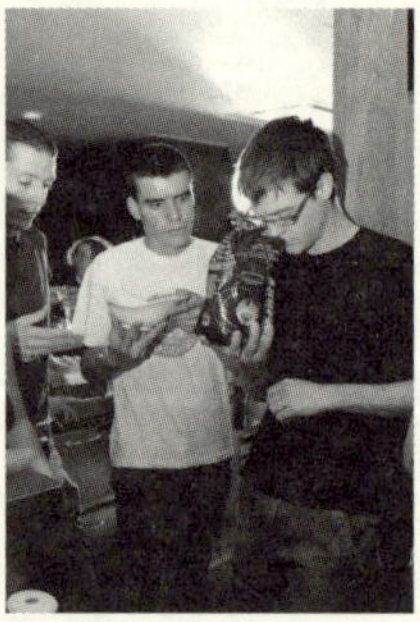

霍尔迪·本
（Jordi Pon，侍者）

索尼娅·德·卡斯特罗
（Sonia de Castro，侍者

桑德拉·阿门戈尔
（Sandra Armengol，实习生）

切萨尔·奥古斯托
（César Augusto，实习生）

罗德里戈·安德拉德
（Rodrigo Andrade，实习生）

蒙特塞·希尔（Montse Gil，侍者），努里亚·费布雷尔（Núria Febrer，助理侍酒师），哈维尔·加尔德（Xavier Gualde，侍者），米格尔·罗德里格斯（Miguel Rodríguez ，领班侍者），劳尔·伊瓜尔（Raúl Igual，助理侍酒师），玛丽安娜·加瓦尔东（Mariana Gabaldón，领班侍者）

其他区域

弗朗西斯科·费尔南德斯（Francisco Fernández，洗碗工）

费尔南多·马丁（Fernando Martín）

安娜·费尔南德斯（Ana Fernández）

维桑特·巴罗索（Vicente Barroso）

何塞·马里（Jose Mari，物流经理）

下午的会议

每日会议上，创意团队会介绍新菜，以及讨论任何在服务和备料上可以进行改进的地方。

除了语言上的障碍，他们对会议内容很少有疑惑，但最终他们会理解全部的会议内容，几乎每次开会都是如此。

会议之后

奥里奥尔、阿尔韦特和爱德华会制定备料时间表，并检查晚餐的筹备情况。主厨们会对照出菜单，记下每份小吃、塔帕斯拼盘和前甜点所需的份数。毗邻主餐厅的小餐厅中，负责甜点的厨师们会检查营业所需。

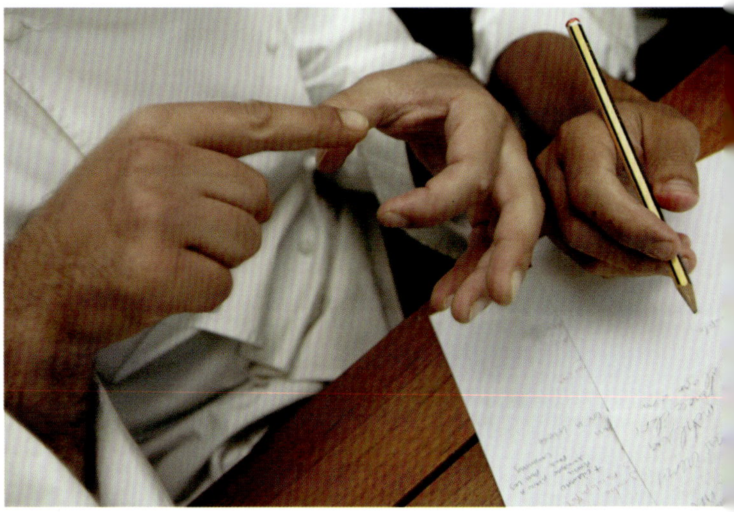

统筹单

有些表单是用来统筹餐厅工作的。因为这些统筹单会确保食物运行流畅，并会列出厨房需要制作的所有东西，因此每名厨师都将其作为参考。

HOJA SEMANAL 2008 FECHA: 6 al 11 de MAYO

MENU SEMANAL	ALTERNATIVAS SEMANA	PLATOS NUEVOS A INCORPORAR
COCKTEL		
1 SAKE / LULO /		
2		
SNAKS SECOS		
3		
4 TOMATE		
5 BOMBON	FRUTA LYO	
6 MERENGUE / GOMINOLA SHISO	HOJA MANGO	
7		
8		
SNAKS FRESCOS		
1 HOJA MENTA +		
2 OLIVA + MANTEQUILLA		
3 MOCHI + FRESA AMARILLA		
4 CARBONARA	BIZCOCHO SESAMO	
5 ESPARRAGO MISO		
6 NAVAJA / HORCHATA	H. ORO	BRIOCHE MOZZARELLA
7 CANAPÉ	PAPEL FLORES	/ MENTA
8		
TAPIPLATOS		
1 MANDARINA		
2		
3 MENESTRAS (HABA) / LICHI	ANCHOA YOGUR	
4		
5 THE SOUP – / SOPA TUETANO		
6 GUISANTE		
7 ORTIGUILLA	ACELGAS	
8 GNOCCHIS		
9 ABALONE / NEGRITO	ESPARDEÑA	
10 CANAPÉ / TRIPA BACALAO –	ANGUILA TUETANO	
11 MANO COCHINILLO / CASTAÑUELA		
AVANT POSTRE		
1 BAÑO TRUFADO / TRUFITAS		
2 MIEL PISTACHO / POMELO		
POSTRES	PRODUCTO A INTRODUCIR/TRABAJAR	OTROS
1		
MORPHINGS		
1		
2		
3		
4		
5		

elBullirestaurant

周菜单

周菜单由费朗制订，其中列出了一周内需要供应的全部菜肴。菜肴的选择取决于时令、气候和食材的获取情况。创意团队新开发的菜肴也会加入周菜单，并备有候补菜肴，以应对客人的饮食禁忌。

19.30 2

1 lulada
2 yuzu / sake / Kyoto
3 cereza kirsch
4 aceitunas verdes sféricas-I
5 nori-Trias
6 frutas LYO
7 gominola de shiso
8 pipas de mandarina
9 hojas de mango y flor de tagete
10 orquidea de pasión
11 "averantos"
12 galleta de tomate
13 bombones de piñones y chocolate
14 creps de Pekin
15 hoja de menta y coco
16 coral de remolacha
17 papel de flores
18 bizcocho de sésamo negro y miso
19 brazo de gitano
20 fresa a la parrilla
21 moshi de gorgonzola
22 "munster"
23 nata-LYO
24 horchata / trufa
25 leche de búfala
26 navaja / Laurencia
27 judión con panceta Joselito
28 flor de mandarina/aceite de calabaza con pipas de mandarina
29 almendras gelé con cocktail de almendruco "Umeboshi"
30 Umeboshi
31 lulo
32 canapé de perrechicos
33 ravioli de ajo negro
34 la piñonada
35 cous-cous de nabo con erizos
36 maíz-nato
37 lichi
38 nenúfares
39 the soup 2008
40 canapé de caza
41 rabo de cochinillo
42 sopa de tuétano
43 espárragos con miso
44 guisantes 2008
45 ñoquis de polenta con café y yuba al azafrán
46 ortiguilla de mar 2008
47 negrito 2008
48 crustaceos-anguila
49 espardeñas-espardeñas
50 abalone
51 tripa de bacalao
52 jugo de liebre con gelé-cru manzana al casís
53 castañuelas
54 miel ciprés con mato de mozzarella y cremoso arándanos
55 cítrico desgranado
56 caramelo de miel
57 "trufitas"

elBullimenús

PAISAJE.

出菜单

主厨们每日根据费朗的要求制订出菜单，显示了客人会吃到的每一道菜。

C. FRIO 5/06/08

HOJA DE COMPRA PARTDA: ~~CARNES~~ RESPONSABLE: ~~X.QUERA~~ SEMANA del al del 2008

PLATO	PRODUCTO	MARTES		MIERCOLES		JUEVES		VIERNES		SABADO		DOMINGO	
		STOCK	PEDIDO	STOCK	PEDIDO	STOCK	PEDIDO	STOCK	PEDIDO	STOCK	PEDIDO	STOCK	PEDIDO
		Cereza	h. menta	Papel	Mosto	leche	flor	helo	nenufar	Soup	miel	cítrico	Yerba
	Vongerchen		5	5	5	5	5		5	1		5	
	Hanson		4	4	4		4		4			4	
	Nicole		7		2		2	2		2		2	
	Miguel		7		7	7	7		7			7	
	Villagrasa		2	2	2	2	2	1		2		2	
	Ramedu		6		6	6	6		6		6		
	USA		8		8	8	8		8			8	
	Sanz		4		4		4	4	4		4		
	Polano		4		4		4			4	4		
	Ashoff	4	4			4	4	4		4	4		
	Auramov	2	2				2		2	2	2	2	2
	Hand	2	2				2		2	2	2	2	2
	F. Adin												1
		8	50	11	42	34	50	11	34	17	22	28	4+1

冷库的准备单

本表显示出冷库所需的食材，帮助厨师们追踪备料过程中每份食谱需要多少材料。

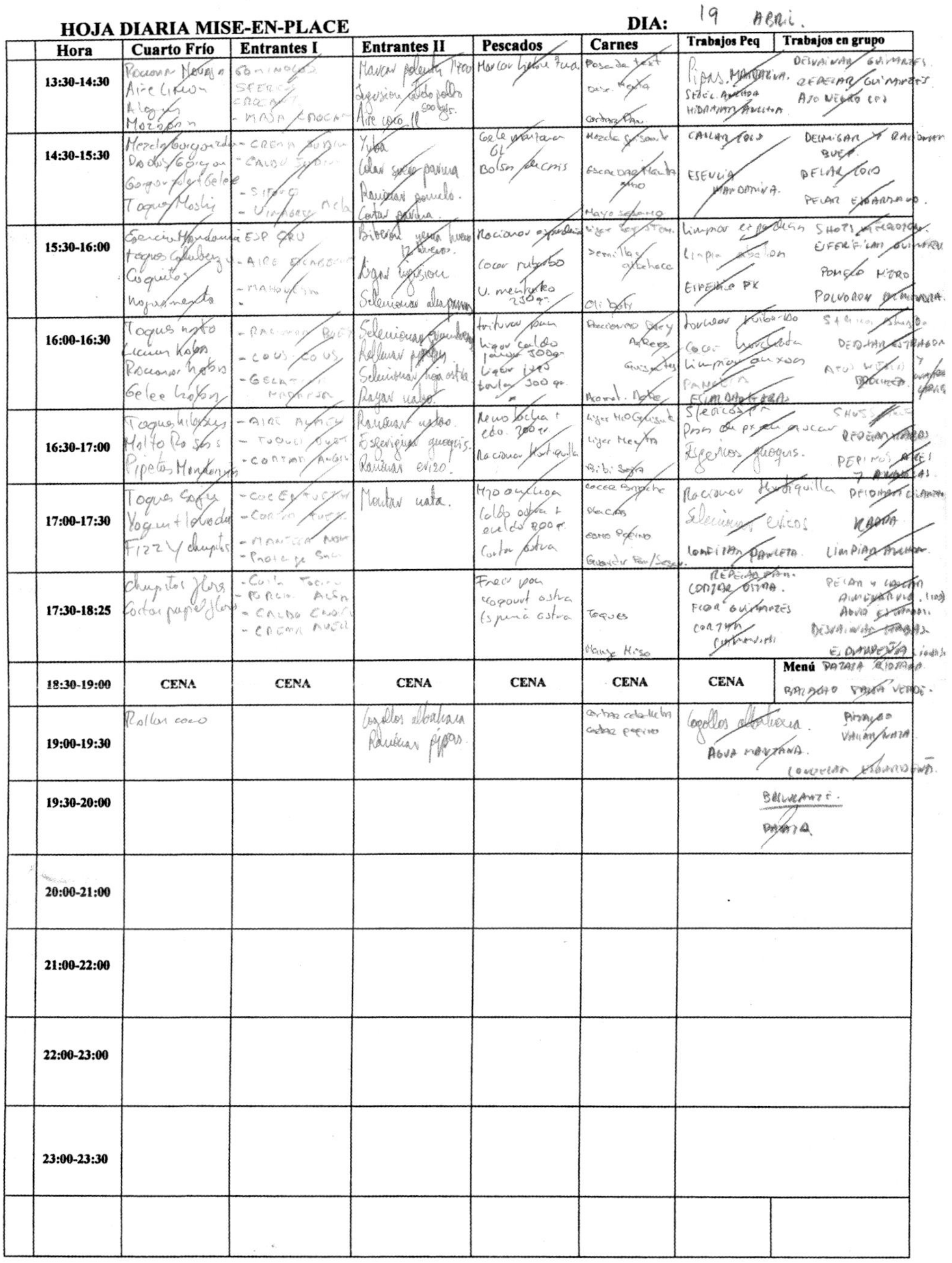

HOJA DIARIA MISE-EN-PLACE DIA: 19 Abril

	Hora	Cuarto Frío	Entrantes I	Entrantes II	Pescados	Carnes	Trabajos Peq	Trabajos en grupo
	13:30-14:30							
	14:30-15:30							
	15:30-16:00							
	16:00-16:30							
	16:30-17:00							
	17:00-17:30							
	17:30-18:25							
	18:30-19:00	CENA	CENA	CENA	CENA	CENA	CENA	Menú
	19:00-19:30							
	19:30-20:00							
	20:00-21:00							
	21:00-22:00							
	22:00-23:00							
	23:00-23:30							

每日备料单

本表列出每日营业期间厨房需要为所有菜肴所做的准备，这能帮助厨师追踪出每份食谱需要制作的份数。

5/6-08

PRODUCTO	Cantidad	Días	PRODUCTO	Cantidad	Días
Almejas			Morralets		
Anchoas			Navajas	25 NAVAJAS.	
Berberechos			Ostra	1 [illegible]	
Bogavante			Percebe		
Buey de mar desmigado			Pulpitos		
Buey de mar			Rape		
Caballa			Salmonetes		
Cañeillas			Sardina		
Caviar	6 LATAS.		Sepia		
Cigalas			Sepiones		
Chipirones			Vieiras		
Erizos			Zamburiñas		
Escupiñas			NEGRITO	35 PAX	
Espardenyes	4 KG.	1 día	AVALON	50 PAX.	
Gambas			ORTIGUILLA	30 PAX.	
Huevas			MEDULA	6 UNIDADES	
Jurel					
Langosta					
Langostinos					
Mejillones					

鱼库盘点表

本表列出了鱼库中鱼等海鲜的种类、每种海鲜的份数以及保存的天数，这些厨师们看一眼就能知概况。

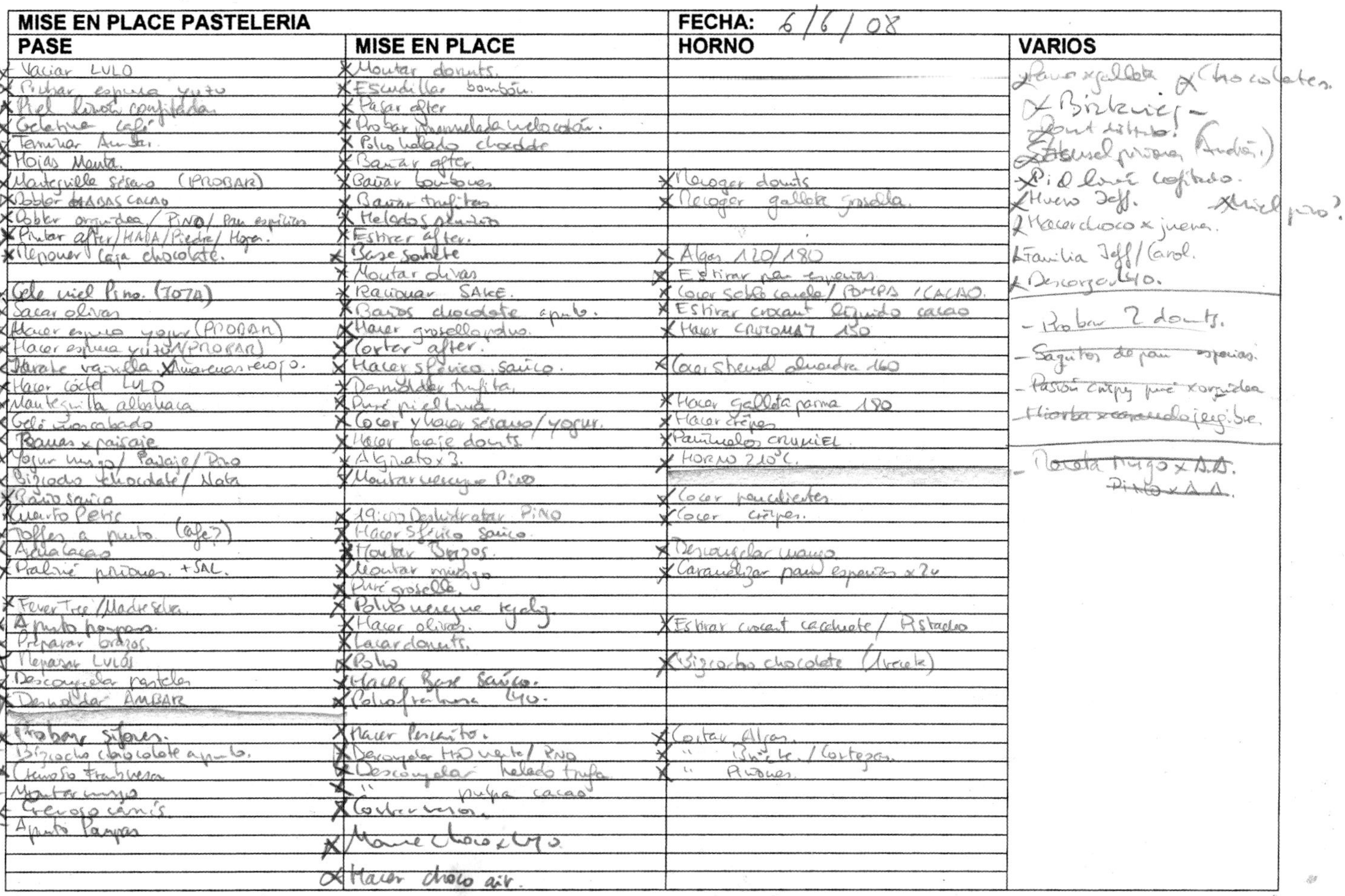

MISE EN PLACE PASTELERIA — FECHA: 6/6/08

PASE

- ✗ Vaciar LULO
- ✗ Pintar espuma yuzu
- ✗ Piel limón confitada
- ✗ Gelatina café
- ✗ Tamizar Ámbar
- ✗ Hojas Menta
- ✗ Mantequilla sésamo (PROBAR)
- ✗ Cobler HABAS CACAO
- ✗ Cobler orquídea / PINO / Pan especias
- ✗ Pintar after / HABA / Piedra / Hoja.
- ✗ Reponer caja chocolate.
- ✗ Gelé miel Pino. (TOTA)
- ✗ Sacar olivas
- ✗ Hacer espuma yogur (PROBAR)
- ✗ Hacer espuma yuzu (PROBAR)
- ✗ Tarate vainilla ✗ Avellanas [illegible]
- ✗ Hacer cóctel LULO
- ✗ Mantequilla albahaca
- ✗ Gelé limón [illegible]
- ✗ Ramas x paisaje
- ✗ Yogur mango / Paisaje / Pino
- ✗ Bizcocho chocolate / Nata
- ✗ Ruibo saúco
- ✗ Cuarto Petit
- ✗ Toffee a punto (café?)
- ✗ Azúcar cacao
- ✗ Praliné piñones. +SAL
- ✗ Fever Tree / Madreselva
- ✗ A punto pompas.
- ✗ Preparar brazos.
- ✗ Preparar LULO
- ✗ Descongelar pasteles
- ✗ Desmoldar AMBAR
- ✗ Probar sifones.
- ✗ Bizcocho chocolate a punto.
- ✗ Cremoso frambuesa
- Montar mango
- ✗ Cremoso [illegible]
- A punto Pampas

MISE EN PLACE

- ✗ Montar donuts.
- ✗ Escudillar bombón.
- ✗ Pasar after
- ✗ Probar mermelada melocotón.
- ✗ Polvo helado chocolate
- ✗ Bañar after.
- ✗ Bañar bombones
- ✗ Bañar trufitas
- ✗ Helados [illegible]
- ✗ Estirar after.
- ✗ Base sorbete
- ✗ Montar olivas
- ✗ Racionar SAKE.
- ✗ Baños chocolate a punto.
- ✗ Hacer grosella polvo.
- ✗ Cortar after.
- ✗ Hacer esférico saúco.
- ✗ Desmoldar trufita.
- ✗ Puré piel lima
- ✗ Cocer y hacer sésamo / yogur.
- ✗ Hacer baño donuts.
- ✗ Alginato x 3.
- ✗ Montar merengue Pino
- ✗ 19:00 Deshidratar PINO
- ✗ Hacer esférico saúco.
- ✗ Montar Brazos.
- ✗ Montar mango
- ✗ Puré grosella.
- ✗ Polvo merengue regaliz
- ✗ Hacer olivas.
- ✗ Sacar donuts.
- ✗ Polvo
- ✗ Hacer Base Saúco.
- ✗ Polvo frambuesa 40.
- ✗ Hacer Pensamiento.
- ✗ Descongelar Helado / PINO
- ✗ Descongelar helado trufa
- ✗ " pulpa cacao
- ✗ Cortar cerezas.
- ✗ Mousse choco x 40
- ✗ Hacer choco air.

HORNO

- ✗ Recoger donuts
- ✗ Recoger galleta grosella.
- ✗ Algas 120/180
- ✗ Estirar pan especias
- ✗ Cocer sablé canela / POMPA / CACAO.
- ✗ Estirar crocant líquido cacao
- ✗ Hacer CRUTONS 150
- ✗ Cocer streusel almendra 160
- ✗ Hacer galleta parma 180
- ✗ Hacer crêpes
- ✗ Pañuelos CRUMIEL
- ✗ HORNO 210°C.
- ✗ Cocer pancakes
- ✗ Cocer crêpes.
- ✗ Descongelar mango
- ✗ Caramelizar pan especias x 20
- ✗ Estirar crocant cacahuete / Pistacho
- ✗ Bizcocho chocolate (Avena)
- ✗ Cortar Algas.
- ✗ " Brioche / Cortezas.
- ✗ " Piñones.

VARIOS

- ✗ Pan x galleta ✗ Chocolates.
- ✗ Birkenig —
- Donut último!
- ✗ Streusel piñones (Andrés)
- ✗ Piel limón confitado.
- ✗ Huevo Jeff. ✗ [illegible] pro?
- ✗ Hacer choco x jueves.
- ✗ Familia Jeff / Carol.
- ✗ Descongelar 40.
- – Probar 2 donuts.
- – ~~Saquitos de pan especias.~~
- – ~~Pasión crispy puré orquídea~~
- ~~Hierba [illegible]~~
- – ~~Receta mango x A.A.~~
- ~~Pinto x A.A.~~

日甜食准备表

本表列出了在甜味世界中需要制作的产品类，包括鸡尾酒、小吃、变体以及甜点。

烹调开始

待餐前准备都完成了，厨房工作正式开始。尽管经典菜系是斗牛犬餐厅烹调的基础，但团队仍革新了许多步骤。除了用热量烹调，厨师们还可以借助温度极低的液氮“烹饪”食材。

“有创意的人会迎难而上，试着处理毫无头绪的事物。”

其他的新技术包括使用纯天然甜味剂、艾素糖制作焦糖的方法。使用这个方法，可以做出1个胶囊。其外面是极薄的焦糖薄膜，而里面包裹着南瓜子油。最终的外观绝美非凡，成品口感松脆，还会爆浆。

甜味世界的会议

甜味世界和鲜味世界的会议是分开举的，这样才能深入探讨问题。除了会讨论餐厅一晚的营业情况，甜味世界的厨师们还会讨新菜中可能的改进或改良，这样他们才能更捷地制作大量的菜肴，以满足餐厅营业的需求

甜味世界的甜点和小吃在斗牛犬餐厅的单中占有很大比例。甜味世界的厨师们有自的特色和工作方式。有些甜味世界的厨师是门从事甜点和小吃制作的。

自省时刻

费朗并不亲自参与餐前准备过程。虽然他会监督厨房的运作情况，但在正式开始营业前，他都会继续与奥里奥尔继续创意开发。大约15:00，他会留出时间停下来，回头审视目前走到了哪一步。

“口味是最难以言表的。”

创造方法 I

创造方法I

- 传统和本土菜系
- 其他菜系的影响
- 技术概念的研究
- 运用在食物上的技术和概念

创造方法II

- 联想
- 灵感
- 改良
- 解构
- 极简
- 菜单结构的改变
- 新食材的探索

创造方法II

- 从五感出发
- 第六感
- 鲜与甜的共生
- 高端饮食中的商业食品
- 出品菜肴的新方式
- 改变菜肴结构

创造力是斗牛犬餐厅经久不衰的原因。它不仅是每个团队成员热情和责任最重要的所在，更是客人愿意前来就餐的原因。斗牛犬餐厅好似工作室，新菜肴、新概念和新技术一边在开发，一边与客人同时分享。如果没有观众，创造就毫无意义。因为每人都有各自对烹调和偏好食物的看法，所以客人对食物的愉悦之情难以量化。但是，创意是可以量化的：人们可以把技术记录下来，并创造新奇的事物。但要真正有创造力，菜品除了新奇，还要有趣。斗牛犬餐厅的目标在于创造出可以完全调动客人感官、情感和智力的菜肴及技术，以给予客人惊喜，并鼓励他们用全新和出乎意料的方式体验食物。

和许多其他主厨一样，费朗加入斗牛犬餐厅最初的目标是让斗牛犬餐厅赢得米其林三星。他从未料到创意团队随后所开发的新概念和新技术，也从未料到自己已经远远超过所有人希望和期望一名餐厅主厨所能达到的创意程度。结果，在巴塞罗那，斗牛犬餐厅中充满了自由的气息，没有任何压力。大家把在创意会议中取得的任何成果当作斗牛犬餐厅现有成就的补充。这些菜肴、技术和概念产生于创意会议中早已不是秘密。所有的创新都会被记录下来并出版，旨在通过斗牛犬餐厅的发现，帮助整个餐饮产业共同进步和发展。团队的真正挑战在于每年都要创造出新的菜肴。

这些创造方法合成了20年的厨房探索，通常在技术开发出的几年后，外界针对斗牛犬餐厅食物演化的深入研究和分析就是对我们的认可。斗牛犬餐厅创新的模式一直在改变，可能在一开始投入使用时，人们难以察觉这些方法的重要性。越来越多的研究显示，在音乐、艺术、时尚领域中运用到的许多类似的创造方法，诸如冥想、横向思考、自由联想法和头脑风暴等，都可以运用在菜肴的创新上。同样地，某些这里详细阐述的创新方法也可与其他艺术学科分享。这里使用的一些术语也运用在其他学科中，比如，“解构”一词最早来自建筑师朋友的建议，以描绘斗牛犬餐厅中重新诠释的经典和传统菜品。最早，团队考虑使用“分解”和“重组”二词，但随后没有采用（原因显而易见），最终还是决定使用“解构”。“解构”一词在建筑、文学理论和其他领域中有特定的含义，但斗牛犬餐厅使用该词并不想与这些领域画上等号，或暗指我们是在分享某些理论教义。我们使用“解构”一词，单纯因为它是最合适的表达。

当主厨们获得了精湛的技艺，掌握了经典菜系的菜肴制作方法，这里列出的某些创新方法可能帮助他们开始对传统菜肴进行试验，并创新出新的菜品。在斗牛犬餐厅的历程中，每个方法都在不同阶段多多少少发挥着重要的作用，它们都为新方法的形成播下了种子。

传统菜系和本土菜系

当费朗在1984年成为主厨时，斗牛犬餐厅的食物很大程度上受到“新菜烹调法”的影响。“新菜烹调法”是20世纪70年代在法国兴起的新式烹调手法，它倡导较少的烹饪时间和更为轻盈的烹饪风格。“新菜烹调法”中一个鲜为人知的方法就是倡导者挑战传统法式料理，从传统菜肴、本地菜肴以及食材、烹饪手法中获取灵感。尽管“新菜烹调法”这个词已经不再广为使用，但它留下的深远影响在高级餐厅中的“本地菜肴”中可见一斑，诸如西班牙冷番茄汤或蒜香蛋黄酱等。许多食材之前都被认为是不高级的，比如橄榄油，现在它则在高级料理中占有重要地位。

1987年起本土菜系就成为斗牛犬餐厅早期演变非常重要的因素，这个创意方法来源于“新菜烹调法”，它帮助发展出属于斗牛犬餐厅独特的风格。彼时，斗牛犬餐厅就积极使用鲜少出现在其他高级餐厅的本土食材，比如来自克雷乌斯角的闭石蛏和竹蛏。但是，为了更大胆地运用这个方法，传统烹饪技术，比如炭烤蔬菜或醋渍野味也运用在珍贵食材的处理中，而传统的烹饪理念，比如加泰罗尼亚的“海和山”（翻译过来就是“海陆双汇”）也转变成更为精炼的菜肴，比如1992年的“牛骨髓和鱼子酱”。这个创意方法昭示着斗牛犬餐厅早期对传统加泰罗尼亚饮食文化及西班牙其他地区、意大利、最终拓展到对于整个地中海区域的探索。

其他菜系的影响

只要有旅行和探险，国家之间就会有食材和烹饪技术相互交流的历史。就算是经典的法国料理，普遍被认为是相当保守的菜系，也借用了源自世界其他地区的食品和菜肴。这些影响通常因为不会保留外国技术而得到发展，通常采用直接与本国的烹饪方法融合。然而，一旦本土饮食传统开始影响“新菜烹调法”，它们同样也开始走出国门，影响全球。比如，意大利面一开始出现在高级的意大利餐厅中，随后逐渐被法国和西班牙的高级餐厅所接受。

今天，全球各地的食材越来越便于获得，高级餐厅中其他国家的影响也已经十分常见。过去几年开始受到追捧的融合菜系就在一道菜中结合了世界各地的食材、经典菜肴和烹饪手法，但也可能会过犹不及，反而出现例如“加利西亚章鱼刺身配泰式牛油果酱”这样的四不像。融合菜最终的连贯性取决于主厨的技巧和判断。事实上，“其他菜系的影响”作为一种创意手法，只有在主厨个人烹饪风格的前提下才能发挥出最佳的效用，最终创造出思路清晰又富有创意的菜肴。

吸收其他国家的影响是非常复杂的，可以在几个不同的方面进行操作，正如其他艺术领域一样。比如，20世纪90年代早期，费朗和阿尔韦特来到南美，这趟旅程为他们打开了关于水果品种和水果作食材的可能性的眼界。他们发现，与许多食材不同，水果不仅仅适用于单一的味觉分类（有些水果可能一次带有甜、酸和苦的味道）。因此，这就提供了许多新的使用方法，比如在“古巴风香蕉沙拉配冰莫吉托和薄荷啫喱”这道菜中，对食材新的理解加深了甜味和鲜味世界的联系。当费朗于2003年来到日本旅行，他深受怀石料理的影响。怀石料理是含有多道菜式的高级正式料理，在风味、口感、烹饪技术和摆盘之间做到了完美的平衡。事实上，比起单一菜肴，日本人更重视用餐整体的流程，强调从精神上、仪式上和进食顺序上享用食物，这点对斗牛犬餐厅影响更甚，可从斗牛犬餐厅使用的诸如海苔、味噌之类的日本食材中一探究竟。费朗已经试验出如“暖风龙虾生鱼片配芥末”的菜肴。

“技术－概念”的研究

若定义这个术语的话，技术指的是任何产品生产的过程或过程的组合，这些过程是通过烹调达到转变的。在烹饪中，概念是菜肴的灵感或基础设定，可以通过不同的方法精进，从而创造出不同的食谱。这是一种通过特定可辨识的方式展示食材的方法。关于“某概念”的例子可以是意式生牛肉片（“切成极薄片的生牛肉”）、沙拉（“新鲜菜叶或蔬菜用油醋汁拌”）或蛋卷（“将稍稍打发的蛋液用炒锅或煎锅迅速加热并卷起”）。

探索新烹饪技巧和概念是创意的最高境界，也是所有创意方法中最重要的。技术的开发是冬季巴塞罗那斗牛犬餐厅工作室创意会议的核心。技巧和概念要比流行和菜式长寿得多。泡沫和酥皮可能会过气，但用来制作这些的技术却能经受住时间的考验，从而存续下来。斗牛犬餐厅需要新的技术和概念来进化，而在高端料理领域用来开发技术和概念做出的尝试要比其他任何创新性烹饪努力重要得多。

斗牛犬餐厅关于“技术—概念”的探索不仅包括重大新的发现，还有更多微型的发展。在斗牛犬餐厅发展过程中至关重要的“技术—概念”的新发现包括1994年在鲜味世界采用的冷冻手法；同年，新的“非意面”意大利饺子以及1996年的液体果仁片；主要的新技术包括反向球化（至此，可以创造出迷你但浓缩了水果或蔬菜精华的晶球）和新的焦糖化方法（至此，任何产品都可以在外层包裹焦糖脆皮）。然而，某些斗牛犬餐厅最有名的发明，包括泡沫法、热啫喱和气泡，其实混合了新概念和新技术。越来越多现有技术的分支和精进后的成果与开发新技术一样重要，尽管这些进步较难被一眼识别出来。比如，甜汤的概念就在1996年得到精进，并运用在了“柳橙甜汤配芒果和生姜意大利饺子”上。某些方面，这不过是小小的改进，但菜肴的简洁性对斗牛犬餐厅坚持使用单一食材、保持风味纯净产生了巨大影响。

有时，要理解新技术的重要性需要一些时间。最早使用热啫喱技术的菜肴是1998年的“洛克菲勒雪芭配热苹果和柠檬啫喱”，但它一开始呈现在客人面前时，客人们并没有觉得这道菜有什么不同寻常，尽管这毫无疑问是客人此生第一次尝试温热的啫喱。吉利丁，尽管彼时在啫喱制作中被广泛使用，但它在加热后就会融化，丧失了凝结的作用。费朗在中国和日本旅行时碰到了从海藻中提取的凝胶介质，这帮助斗牛犬餐厅制作出加热后不会融化的啫喱，而本菜也是首次采用了此项技术的菜肴。创意团队在菜肴开发之际尚未意识到该技术的重要性，不过最终这成了在斗牛犬餐厅用餐的体验项目之一。真正重要的不是技术，而是菜肴。客人享受某道菜肴无须理解新的技术，尽管如果对背后的技术有所了解可能对前来斗牛犬餐厅用餐的顾客带来更多的体验。

运用在食物上的技术和概念

“技术—概念”的衍生，对斗牛犬餐厅的团队来说是丰富的灵感来源，以至今天我们将其作为创意方法的一项单独列出。在特定食品中运用不同的技术可以创造出许多新的概念。在某个食材中运用之前从未采用过的处理技术也可以产生非常有趣的效果。再简单的概念，比如意式生牛肉片，也可以运用在这里。

经典法式料理处理海鲜的烹饪手法是煮或蒸。但在西班牙，其他处理海鲜的烹饪手法也有着悠久的历史，比如油炸、架烤或炙烤，这些烹饪手法在20世纪80年代被运用在了高级西班牙料理中，而现在，它们已作为非常完整的高级料理烹饪手法，产生出了许多新的海鲜菜肴。在斗牛犬餐厅，我们在重新审视海鲜的烹饪手法后发现，古老的技术，不管是法国还是西班牙的，都花了太多时间，最终让海鲜丧失了天然的风味。为了更接近海鲜的自然“基因”，创意团队先炙烤甲壳类的头，并从中提取出精华，做出能够准确模拟其原始风味的酱汁。“软体动物拼盘”一菜，乍看起来简单无比，但却融合了不同的西班牙本土的海鲜，这些贝壳类在沸水中快速浸泡几秒，这足够让它们开壳，再将烹煮的汤汁做成啫喱，将肉包裹在啫喱中。这道菜虽然很复杂，却是以最天然的方式呈现出海鲜的原味。

甜味小组返回工作

甜味小组的工作涉及无数准备技巧和方法，比如用吉利丁浴加工水果，制作新鲜百香果果汁，为巧克力调温和制备芒果面丝卷挞。芒果面丝卷挞是由诸多细丝组成的长形甜点。

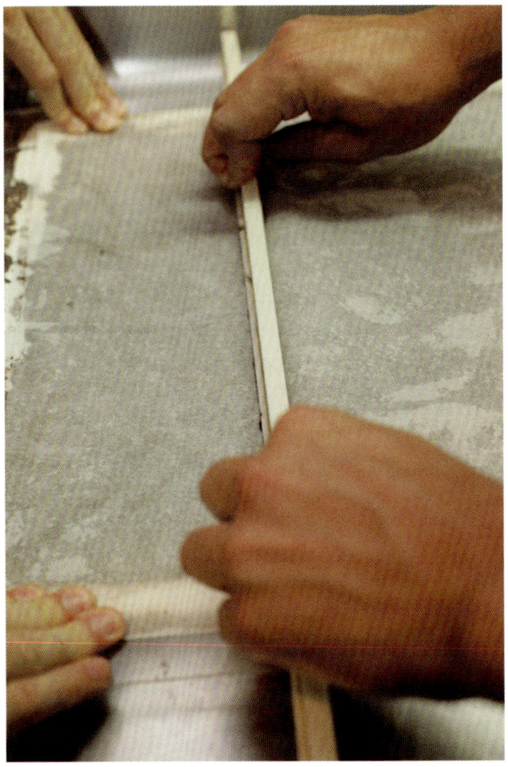

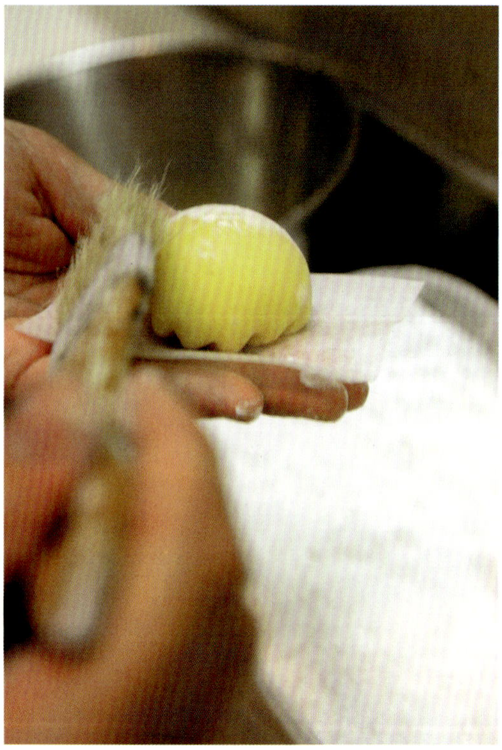

此处，厨师们正在制作麻糬（日本的带馅小糯米糕）图中所示为发泡（液体打泡后表面形成的轻盈质感，中图）、揉制布里欧修面团球的过程（右图）。稍后，布里欧修面团球会经过蒸制。

前场团队抵达

仅以食物是无法定义一间餐厅的：如果没有人服务客人、充当客人与主厨间的联结剂，餐厅将一事无成。侍者是真正的专业人士，他们整日沉浸在斗牛犬餐厅的精神中。每一餐都宛如剧院表演，侍者是扮演主要角色的演员，他们必须准确无误地知晓各自的台词。但这并不意味着他们需要例行公事或戴上虚伪的面具，他们的服务风格应以为食客提供最大程度愉悦为基础。为了达到这个目标，侍者必须充分利用自己的感官，始终保持警觉，并能敏锐探知到每位客人的要求。

前场团队和厨房团队紧密结合，他们秉持着相同的美食和生活理念。侍者们的态度是热情大方的，好像欢迎老朋友来家做客般迎接每位客人。餐厅的服务理念也是基于餐厅本身的经营哲学，而不是因为是服务业的传统而盲目遵循。斗牛犬餐厅，服务是脚踏实地、舒适自然的，这样，客人们才会感到放松、欣悦和舒适。

客人在斗牛犬餐厅的经历不仅限于用餐，而是一段旅程、一个场景、一次服务、一份菜肴的韵律和一次真正的对话，尚无餐厅可以复制。营业结束时，弗朗希望客人享受整体的用餐体验，而不是只有食物好吃那么简单。

首要任务

罗萨斯·比奥斯卡(Lluís Biosca)带着桌布、餐巾等来到餐厅。他先将桌布和餐巾分类,再检查是否有遗漏。

侍者领班大卫·洛佩兹(David López)检查菜单是否有问题。

餐厅开启电话热线。两位餐厅经理——罗萨斯·加西亚和罗萨斯·比奥斯卡——在助理经理珀尔·佩雷略的帮助下一起接听电话。

餐厅准备

斗牛犬餐厅的用餐区可分为三部分：主厅为传统西班牙风格，含酒吧；带有长桌和园景观落地窗的沙龙；配有沙发的阁楼。此外还有露台。

这三个区域的全部细节都需要达到完无瑕。玻璃杯净亮、桌布和桌面摆设也全部要检查。前场团队还要负责清洁玻璃窗和板，并格外精心地照顾露台的植物。

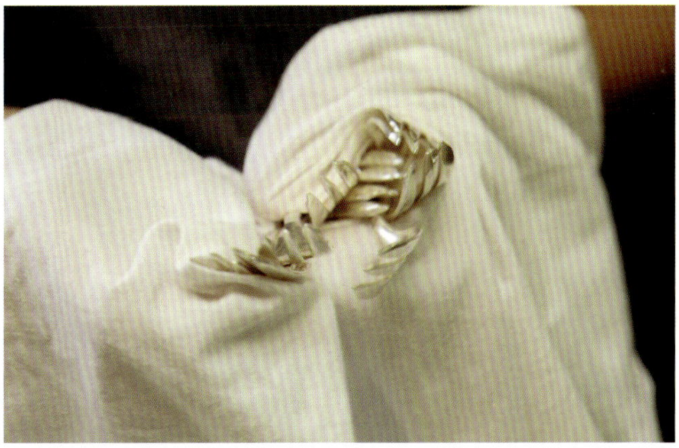

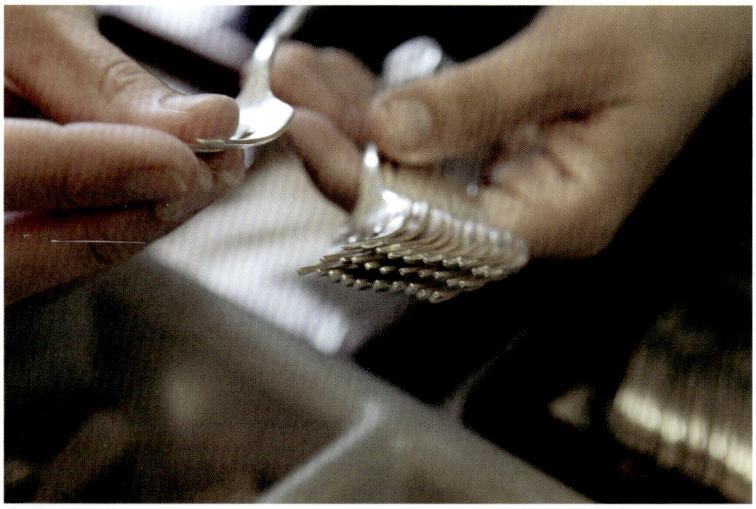

15:50

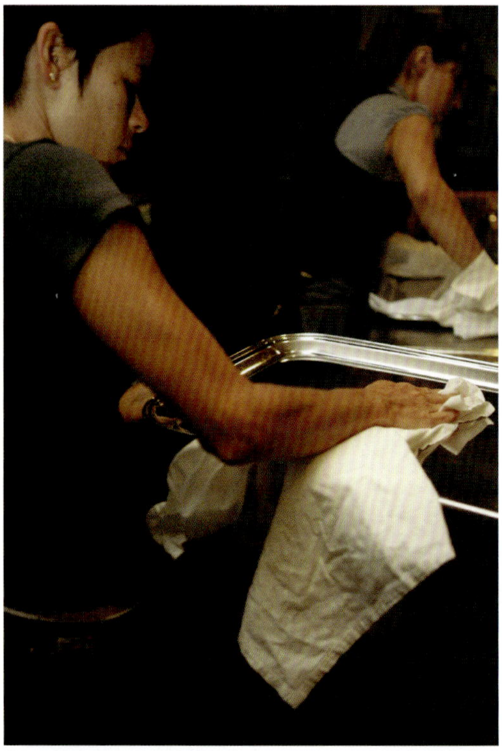

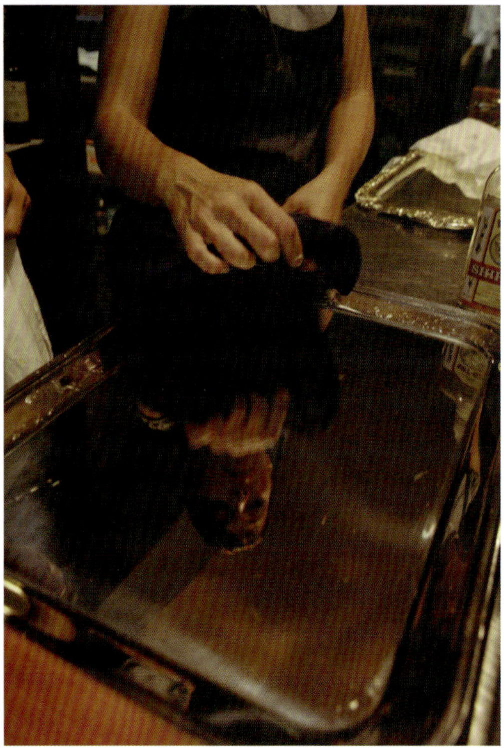

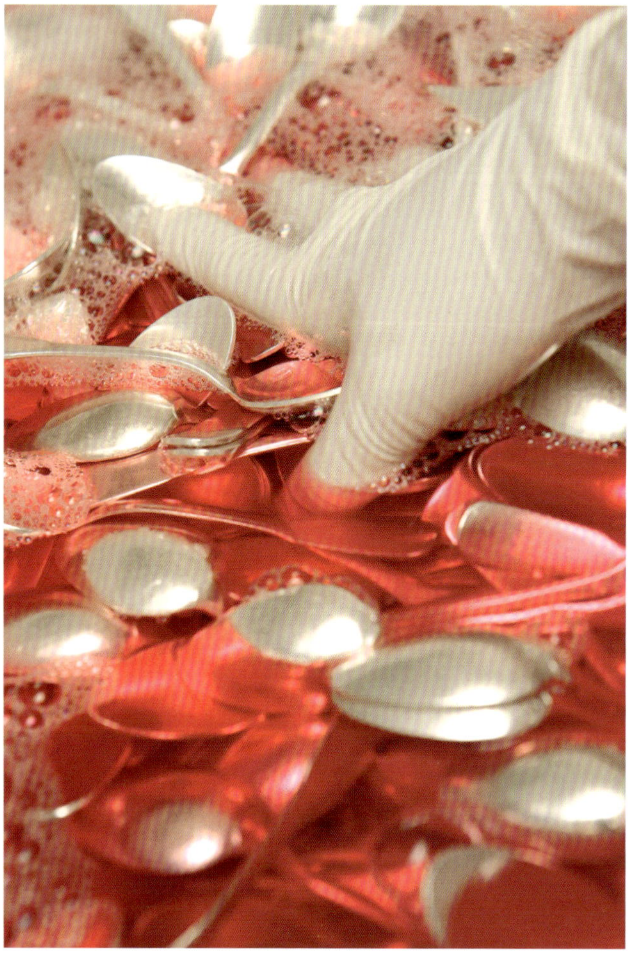

汤匙、刀和叉

过去几年我们引进了新品种的餐具，搭配传统餐具品种一起使用。比如，在2001年我们创造了一个介于输液管和竹签之间的餐具，方便客人在从竹签上取食物享用的同时，将汤汁吸入口中，这也为客人带来了非常独特的用餐体验。最早在1997年，我们为“谢幕”（follies，即收口小食）定制了餐具，餐具以日本千纸鹤为灵感，每款收口小食都会摆在各自相对应的客制餐具上。然而，传统的银质餐具仍然非常重要，因此需要格外呵护。在斗牛犬餐厅，银质餐具总是受到最高级别的对待，所以它们无论何时何地都是无可挑剔的。

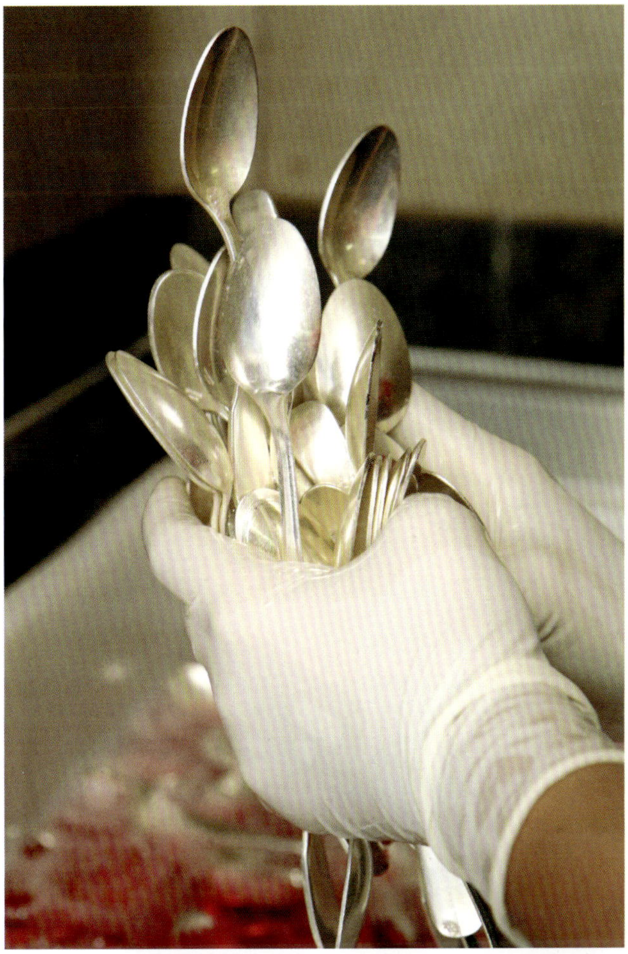

侍酒师

侍酒师们要确保葡萄酒以正确的温度存放在酒窖内，监督库存并确保所有前一天卖出的酒都留有底单。每天，侍酒师助理都会亲手小心地清洗并擦拭几百个玻璃杯。

检查葡萄酒库存

侍酒师卢卡斯·帕亚和费朗·森特列斯会根据前一天的销售情况更新库存表。斗牛犬餐厅的酒窖中藏有1666款酒。其中，红葡萄酒981款，白葡萄酒324款，甜酒161款，气泡酒166款，加强型葡萄酒34款。这些酒来自16个国家，其中涵盖325个DOC产区。藏酒年份从1952年到2007年不等。

我们从专门的供应商处购酒，胡利和侍酒师们会经常试酒，挑出品质最上乘的酒。我们的藏酒不仅有罕见的高端品种，还有那些从鲜为人知的生产商处购买的特殊品种。

THE
ROLLING STONES

vi

查斯检查雪茄库存

我们藏有一系列哈瓦那雪茄:

Balboa Robusto,

Partagas Serie D No.4,

Partagas Serie P No.2,

Partagas D No.3 Edicion Limitada,

Hoyo de Monterrey Epicure No.2,

Cohiba SXI, Cohiba Robusto, Montecristo Robusto Edicion Limitada,

Montecristo "A",

Trinidad Robusto Extra, Punch Punch-Punch,

Partagas 8-9-8,

Montecristo Edmundo, Romeo y Juliera Exhibicion No.4,

Vegas Robaina Unico,

Davidoff Robusto 100, Ramon Allones Gigantes,

Arturo Fuentes Opus X,

Romeo y Julieta Petit Piramides Edicion Limitada, Romeo y Julieta Hermoso No.2。

BOLIVAR

大量到货

有些原材料需要某些特定的供应商才能提供，比如由本地渔民拉斐尔·利纳雷斯（Rafael Linares）提供的克雷乌斯角的青口贝和海胆，或是加利西亚的安东尼奥·穆伊尼奥斯（Antonio Muiños）送来的不知名的海藻。

食材可以在早晨或下午的任何时间段送来。

Ulva rigida
Lechuga de

新的技术可以是从零开始学习新技巧，或采用不同于以往的方法

新技术可以是任何东西，无论是将鲜味泡沫变成帕玛森奶酪棉花糖，用橄榄油焦糖做橄榄油焦糖筒。

橄榄油焦糖筒是以橄榄油和不同的甜味制成的特殊焦糖。在加热的灯下，钻孔机上有相应的圆柱形模具，一根根细长的焦糖丝速缠绕其上，宛如紧密联结的弹簧。从模具小心翼翼地取下“弹簧”后，会将“弹簧”放入亮的黑色盒子里送到客人面前，好像首饰盒般。客人像戴戒指一样把橄榄油“弹簧”戴在指上，再放入嘴中品尝。它的质地一开始很酥，但随着“弹簧”融化，入口的只有特级初榨榄油。

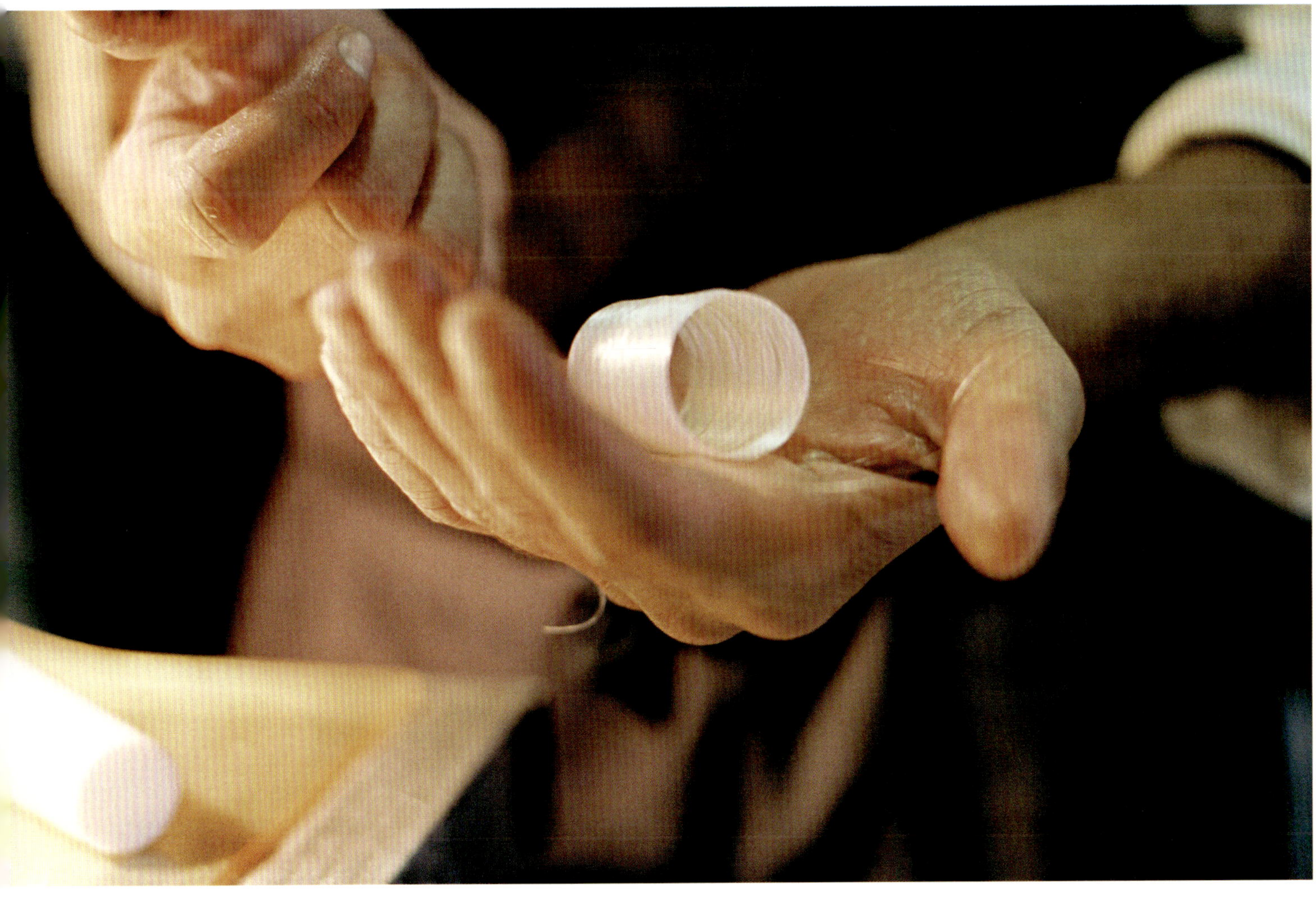

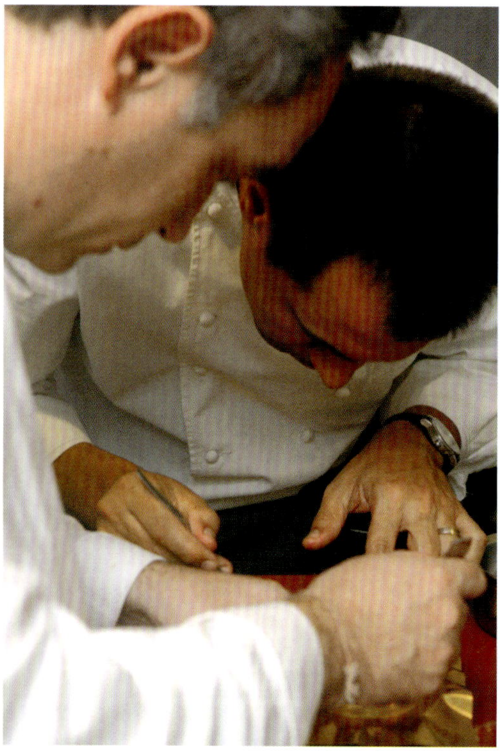

如今保持创造力要比10年前难得多

多年的创意开发让再次创造出惊世骇俗的技术变得越发困难。此外，还有许多其他主厨们致力于新技术的发明。这便是费朗、奥里奥尔和阿尔韦特每天坚持将创意开发持续到19:30的原因。他们每天有9小时全身心扑在创造上，研究并开发新食材：如某些来自加利西亚的带着海藻的巨大蛤蜊。

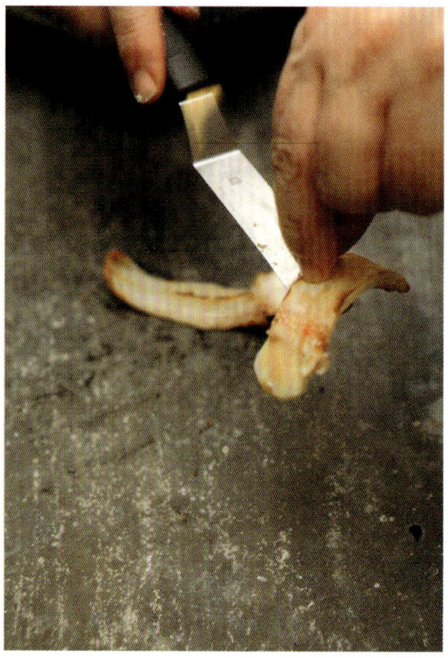

在巴塞罗那购物

每周二和周五，何塞·马里会在巴塞罗那采购葡萄酒和特殊食材，并在市中心的波盖利亚市场驻足，因为那里有许多值得信任且十分了解斗牛犬餐厅的供应商。此外，何塞还会造访“斗牛犬进化”工作室（创意工作室）和负责宣传及物流协调的“斗牛犬卡门”办公室。

造访工作室

周二和周五，何塞·马里会从罗塞斯开着货车到巴塞罗那市，第一站便是“斗牛犬进化”工作室。除了送货，他还会收取空运来的包裹。此外，他还会顺带领取寄给费朗的档案和其他文件。

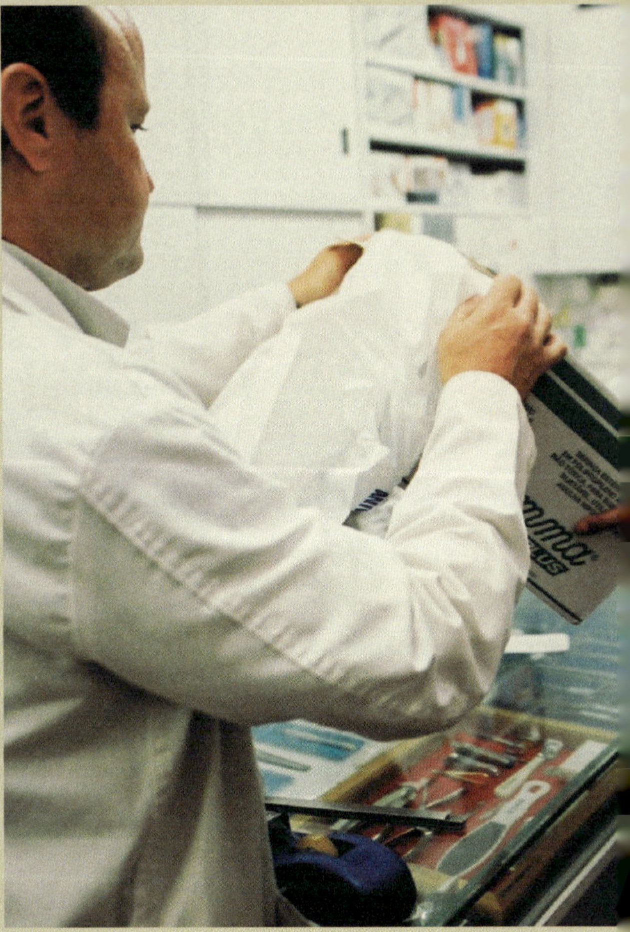

药店

在这里，何塞·马里会为斗牛犬餐厅补货，包括反向球化鱼子酱所需的注射器、柠檬酸（维生素C）、非常精确的磅秤和乳胶手套。

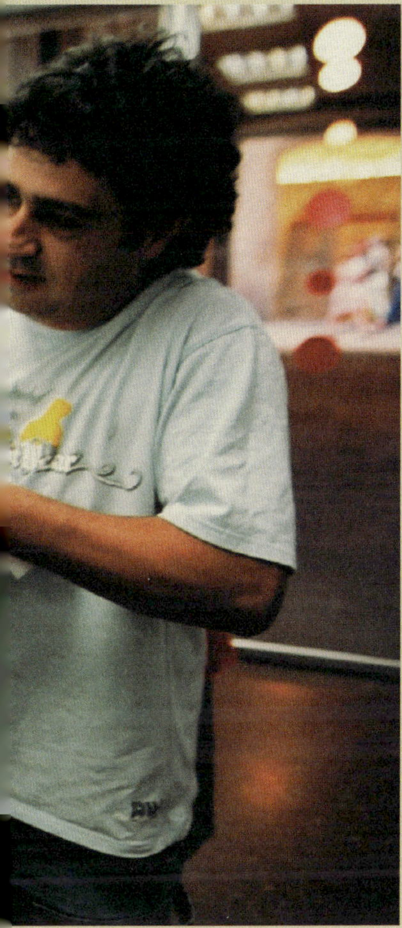

亚洲之旅

“极度东方”是巴塞罗那市中心专卖远东食品的商店，提供的物品包括酱油、味噌、米醋、新鲜蔬菜和香料。

酒商

何塞·马里通常会来到El Celler de Gelida或Vila Viniteca采购葡萄酒、烈酒和其他烹饪所需的特殊酒水。如果酒单上的酒卖完了，何塞还会额外下单。斗牛犬餐厅酒单上的大部分酒都来自其他精品供应商，这些供应商会根据每年的菜单向斗牛犬餐厅提供建议。推荐的酒款会由朱利和其他侍酒师先试酒，再决定是否放入酒单。

东京屋

东京屋售卖日本食材，因此，只何塞·马里在“极度东方”里找不到产品时才会来到这里。他通常会在这买明太子、鲣鱼、海苔、芥末和味噌。

SUSHI

YAMADASHI
KOMBU
DRIED SEAWEED
NET WT. 8 OZ. (227 g)
SEAWEED

波盖利亚市场：圣地

“斗牛犬进化”工作室和“斗牛犬卡门”办公室都在波盖利亚（La Boqueria）市场附近。波盖利亚市场在这里有7个世纪了，其食品的种类和摊位的多样性使得这里成为美食学的标志性景点。熙熙攘攘的场景、空气中弥漫的味道、耳边的叫卖声、食物的风味和触感，这些从各个方面对游客来说都是奇迹。在这里何塞会从Petràs采购松露、从Genaro采购鱼类、从Casanovas and Capdevila采购肉类、从Soley采购蔬果、从Aroma Ibèric采购猪肉制品。

“斗牛犬卡门”办公室

回到罗萨斯之前，何塞·马里会在“斗牛犬卡门”办公室停留。通常，他会把收据留给财务，并领取需要转交给朱利的设计图、照片、编辑工作和包裹。

回到罗萨斯

在返回斗牛犬餐厅的路上，何塞·马里有时会在离巴塞罗那几千米的格拉诺列尔斯停留，在熟悉的供应商处收集鱼子酱。

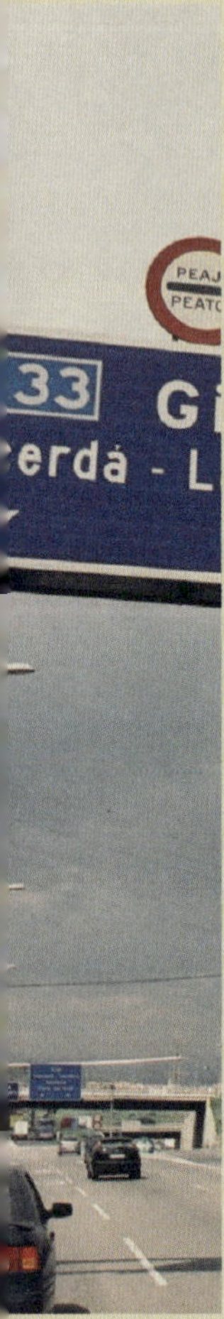

团队在等候

大巴到店后，厨师们早已恭候大驾了。在爱德华·扎德洛奇的监督下，团队会将产品分类并存放在冰箱或干货柜上，或者直接带进厨房。

检查物流

除了餐厅内部的工作，波尔（Pol）和克里斯蒂安（Christian）还负责发电机——它被亲切地称为“老爆竹”。尽管斗牛犬餐厅接入了主要的电路网，但因为餐厅位置偏僻，偶尔会有供电不足的问题，因此，发电机组需要精心维护，将其作为后备电源。

CENTRAL
CONDENSADOR

17:10

餐厅的供水依靠一口井，此外还配有废水处理器，两者都需要每日检查。

17:15

在斗牛犬餐厅，我们尽可能对所有用品循环用，并且尊重环境，虽然因为斗牛犬餐厅处于偏位置，鲜有城市可循环基础设施可以使用，但于对环境的尊重，我们仍然尽可能循环使用所物品。

原老板汉斯和玛凯塔·席林最早将餐厅以他们所养的那只深受喜爱的法国斗牛犬命名，当地人称这种犬为“bullis”。

斗牛犬餐厅的历史

1961年 顺势疗法医生汉斯·席林（Hans Schilling）及其妻子玛凯塔（Marketta）深深爱上了卡拉蒙特基，在那里他们购买了土地并建起了迷你高尔夫球场。

1963年 因为该区域深受初级潜水者喜爱，席林夫妇又在迷你高尔夫球场旁开了一间海滩酒吧。

1964年 最早的餐厅开门营业。一开始，餐厅的菜单只有简单的煎烤菜肴，但席林医生对美食的热爱使餐厅随后的菜单变得越来越丰富。

1976年 科班出身、受过正统法式烹饪训练的阿尔萨斯主厨让-路易·奈歇尔（Jean-Louis Neichel）意图让斗牛犬餐厅在美食地图上占有一席之地。斗牛犬餐厅赢得了第一颗米其林星。

1981年 胡利·索莱尔作为餐厅经理加入斗牛犬餐厅。时任餐厅主厨为让-保罗·维奈（Jean-Paul Vinay），菜肴变成了时髦的“新菜烹调”风格。

1983年 斗牛犬餐厅赢得了米其林二星。

1984年 费朗·亚德里亚作为正式员工加入斗牛犬餐厅，并在维奈离开去创办自己的餐厅后，迅速与克里斯蒂安·吕托一起成为联合主厨。

1984年6月 两位主厨重新思考了法国经典烹饪和“新菜烹调法”并对著名法国主厨的名菜进行了全新的诠释，比如1985年的“特洛格斯腌渍鲻鱼”（Marinated red mullet Troisgros）。

1985年 费朗在法国沃纳的“乔治·布朗克”（George Blanc）餐厅完成了为期2周的试演。这是他首次直接接触法国高端烹饪。

费朗和克里斯蒂安在马德里的传统餐厅“酷睿特”（Currito）品尝到经典的西班牙菜“醋渍松鸡”后，将这道菜开发成了斗牛犬餐厅的招牌菜，这成为斗牛犬餐厅风格发展的重要奠基石。这种类型的菜通常不会出现在高级餐厅中，但费朗和克里斯蒂安通过自己的诠释，用去骨鸽子替代松鸡，并改良了摆盘，从而将这道菜加入菜单中。

阿尔韦特加入斗牛犬餐厅。

1986年

费朗在法国瓦朗斯的“皮克庄园餐厅”完成了实习。同年10月，克里斯蒂安·吕托离开斗牛犬餐厅，费朗成为斗牛犬餐厅的独立主厨。

1987年8月

费朗参观了尼斯内格雷斯克酒店的“香特莉”（CHANTECLER）餐厅，该餐厅由雅克·马克西姆（Jacques Maximin）运营。在埃斯科菲耶基金会的发言中，马克西姆对创意的定义启发了费朗，指明了斗牛犬餐厅的前进道路：“创意是不抄袭。”至此，费朗不再寻着前人的脚步唯唯诺诺，他开始在自己的创意道路上前进。

是年，斗牛犬餐厅首次从10月至次年3月实行冬日闭馆歇业，这为厨房团队腾出了6个月的时间。受到雅克·马克西姆的启发，团队开始开发新菜，至此翻开了费朗创意的新篇章。

1990年

斗牛犬餐厅重夺米其林二星，之前由于让-保罗·维奈的离开，斗牛犬餐厅丢了一颗星。

费朗·亚德里亚和胡利·索莱尔从席林夫妇手里买下了斗牛犬餐厅。

造访法国顶尖大厨米歇尔·布拉斯（Michel Bras）和皮埃尔·加涅尔（Pierre Gagnaire）的经历使斗牛犬餐厅的食物风格又一次进化。加涅尔指出，烹饪中一切皆有可能，而布拉斯则强调，烹饪的基础是自然，维持每种食材纯净的风味是至关重要的。在此之前，斗牛犬餐厅的食物仅局限于本地的烹饪风格，如今则结合了更具试验性的先锋派烹调。

1991年

出现第二项与传统高级餐厅划清界限的做法，摒弃了甜点车。

1992年

与雕塑家格扎维埃·梅迪纳·康佩尼（Xavier Medina Campeny）进行了一系列关于艺术和创意的对话后，我们最终得以使用哈维（Xavier）在巴塞罗那的工作室开发新的菜肴。这是费朗首次将烹饪作为创意，而非围绕斗牛犬餐厅客人展开的新体验。在这段体验期间，费朗偶尔会缺席斗牛犬餐厅的营业，将精力主要集中在了创意开发上。

1993年

由建筑师多勒斯·安德鲁（Dolors Andreu）严格依照费朗需求而设计的新厨房落成。新厨房极大地利用了空间和设备，以用于创造出更具野心的料理。

1994年

斗牛犬餐厅首次组建了专门负责创意过程的团队，无论在冬日闭馆还是夏日营业期间都能进行创意工作。斗牛犬餐厅的创意重点变成了研发新的烹饪技术和概念，以及开发新菜。从1994年起，团队打造了斗牛犬餐厅时至今日仍闻名世界的创意风格。

斗牛犬餐厅首次举办了针对厨师和美食爱好者的烹饪课程。从理论和实际操作出发，课程对斗牛犬餐厅的烹饪风格进行了详细阐述。

1995年

斗牛犬餐厅餐饮公司成立，我们希望扩大客户群。餐饮公司设立在巴塞罗那，是与斗牛犬餐厅的经营管理独立的公司。

《高勒·米罗餐厅指南》对斗牛犬餐厅的打分为19/20，并将斗牛犬餐厅与法国最好的餐厅相提并论。

将巴塞罗那“塔拉雅”（Talaia）餐厅的厨房用作斗牛犬餐厅的创意工作室。

1996年

奥里奥尔·卡斯特罗作为实习生加入餐厅。一年后，他作为第三名成员，加入了 阿尔韦特和费朗的创意团队。

从1996年起，奶酪推车也不再使用。前甜点作为连接鲜味世界和甜味世界的桥梁，出现在菜单中。

德高望重的法国大厨乔尔·卢布松（Joël Robuchon）在一次采访中指出，费朗·亚德里亚是当今最棒的大厨，这是费朗的才赋首次受到国际的认可。

1997年

斗牛犬餐厅首个独立的工作室在“斗牛犬餐饮公司”的本部建立。

斗牛犬餐厅摘得米其林三星。

斗牛犬餐厅首批客制（定制）餐具由年轻的西班牙设计师打造。每个收口小食都搭配其专用器皿，这也标志着斗牛犬餐厅对新的服务技巧和容器的研究正式展开。

1998年

斗牛犬餐厅在塞维利亚打造了哈仙达·贝纳祖萨（Hacienda Benazuza）酒店，这也成了首个斗牛犬餐厅的酒店。

厨师们用与做菜相同的方法制作鸡尾酒，鸡尾酒继而也成了精选菜单的一部分。

斗牛犬餐厅精选菜单概念的第一步就是大刀阔斧地将黄油和面包移除。费朗坚信，无论品质多么高，黄油和面包也可以在其他地方食用，它们无法为斗牛犬餐厅独特的用餐体验锦上添花。取而代之的是小吃，客人入座后会马上端上桌。

1999年

斗牛犬餐厅开始为多个不同品牌进行咨询工作。

费朗在《国家周报》（*El País Semanal*）——西班牙的国家报纸的首页被赋予“世界最佳厨师”的称号。

2000年

波特费立萨街的“斗牛犬进化”工作室建成，创意团队在冬季为斗牛犬餐厅创造新菜，并为其他项目想点子。

斗牛犬餐厅开始为每道菜品建档。

2001年

菜单的复杂程度之高使得斗牛犬餐厅最终决定只提供一餐，通常是晚餐。这使得创意团队在斗牛犬餐厅营业期间也有时间在白天开展创意工作。

斗牛犬餐厅开始与包括卢基·乌贝尔（Luki Huber）在内的多位工业设计师合作。乌贝尔不仅发明了新烹调手法，也为菜肴制备、服务和用餐流程开发了新的工具。这将斗牛犬餐厅的创意又提升到一个新的层面。

斗牛犬餐厅菜肴开发以外的项目由巴塞罗那的波盖利亚市场“斗牛犬卡门”办公室进行管理。

2002年

斗牛犬餐厅对过去几年的菜进行回顾。2002年整年菜单上只采用前几年的菜肴，没有新菜出现。这给予斗牛犬餐厅一年的时间进行审视和分析，从而决定了斗牛犬餐厅未来的走向。单点菜单被移除，斗牛犬餐厅此后仅提供精选菜单。

2003年

费朗登上了《纽约时报杂志》（*New York Times Magazine*）的封面，文章标题为“西班牙是如何成为与法国媲美的美食大国的”。

费朗造访日本，学习了怀石料理。怀石料理对他产生了深远影响。

“斗牛犬进化”工作室里成立了科学部。科学部由化学家佩蕾·卡斯特利斯（Pere Castells）和英格丽德·法雷（Íngrid Farré）组成，研究探索新的科技和设备，以及食品的物理和化学特性。在这之前，斗牛犬餐厅食物背后所有的科学步骤仅基于厨师们观察所得。

2004年

致力于研究食品和科学的研究中心在加泰罗尼亚自治区政府和曼瑞莎银行（Manresa Bank）的资助下成立，费朗·亚德里亚任董事会主席。阿利西亚基金会（The Alícia Foundation）以“科学让美食更美好”为目标，并致力于提供优质饮食习惯教育。

费朗出现在《世界报》（*Le Monde*）的周日版上，文章讲述了斗牛犬餐厅激进的西班牙菜动摇了法国料理的统治地位。此外，费朗还登上了《时代》（*Time*）杂志的封面，入选杂志评出的“世界百位最重要人物”。

在与NH酒店的合作中，费朗建立了“快而佳”食品店（Fast Good），旨在以合理的价格提供高品质的速食。

2005年

马德里卡米洛·何塞·塞拉大学（Camilo José Cela University）的美食文化和食品科学系设立了“费朗·亚德里亚主席”席位。

2006年

《餐厅》(*Restaurant*)杂志的国际专家评审团票选斗牛犬餐厅为“世界最佳餐厅”。这是继2002年后斗牛犬餐厅又一次获得该项殊荣。

费朗赢得了“雷蒙德·洛威(Raymond Loewy)基金会”颁发的“幸运星设计奖”(Lucky Strike Design Award)。该奖项在世界设计师中受到广泛认可，专门颁发给在此领域有杰出创意的人才。

2007年

斗牛犬餐厅参加了德国卡塞尔的“卡塞尔文献”当代艺术展。在展览中，斗牛犬餐厅成了与会者的歇脚亭。艺术展的与会者中，每天都会随机选取两名，特地飞到西班牙，在斗牛犬餐厅用餐，交流高级料理和当代艺术间的联系。这是“卡塞尔文献”展首次邀请一间餐厅作为参展方加入。

费朗赢得了西班牙文化部颁发的“高雅艺术荣誉金奖”，并获得巴塞罗那大学授予的荣誉化学博士称号。

2008年

斗牛犬餐厅连续3年被投票选为“世界最佳餐厅”。

2009年

斗牛犬餐厅第五次被投票选为“世界最佳餐厅”。

2010年

1月，费朗宣布，斗牛犬餐厅将于2011营业季结束后闭馆。而后会于2014年作为“斗牛犬基金会”再次开业，届时，基金会将成为智库和研究中心。

2011年

斗牛犬餐厅于7月29日正式闭门歇业。营业的最后一天，餐厅团队准备了49道式的盛宴，其中囊括了费朗成为主厨以来所有伟大的菜肴。

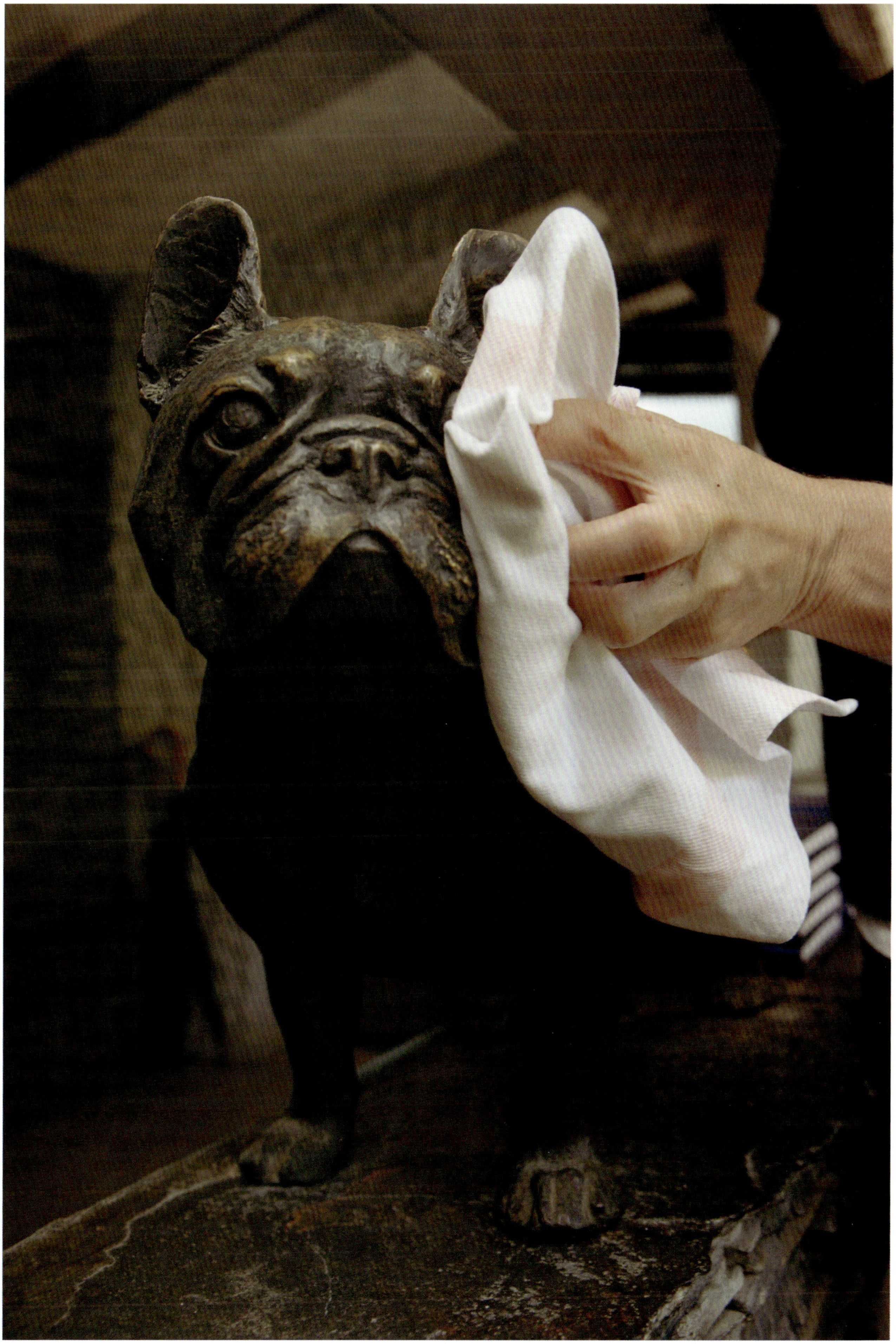

17:25

手握扫帚散步

最后的更改

罗萨斯·比奥斯卡在表单上对座位安排做最终修改。天气不好的话，露台可能无法使用，也可能因此取消临时的预订。

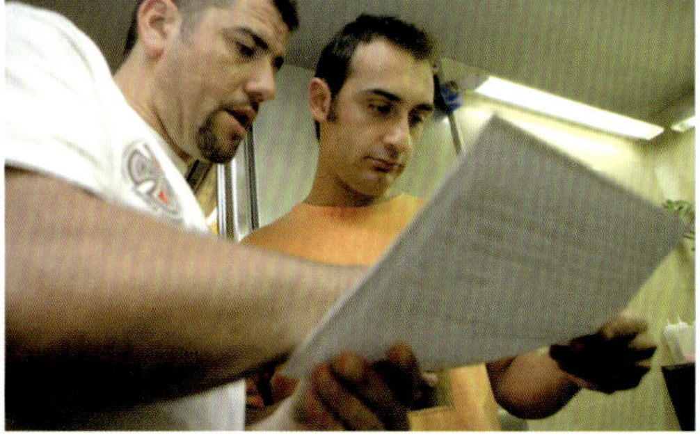

17:35

餐厅准备完成

餐厅的陈设已保持多年。第一次想要做出改变时，餐厅没有太多资金；第二次则是因为地处自然保护区的问题。不过，这样的陈设也是餐厅遗产的一部分。其中一个房间几乎和斗牛犬餐厅最早开业时别无二致，第二间房间则曾于1982年进行过翻修。

料从未停止

新鲜甜菜会被榨成汁，稍后会被做成不同
感的食物，比如啫喱或薄脆。

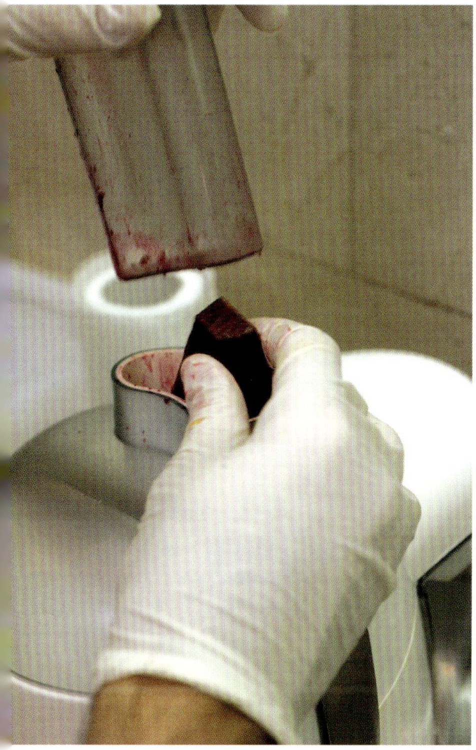

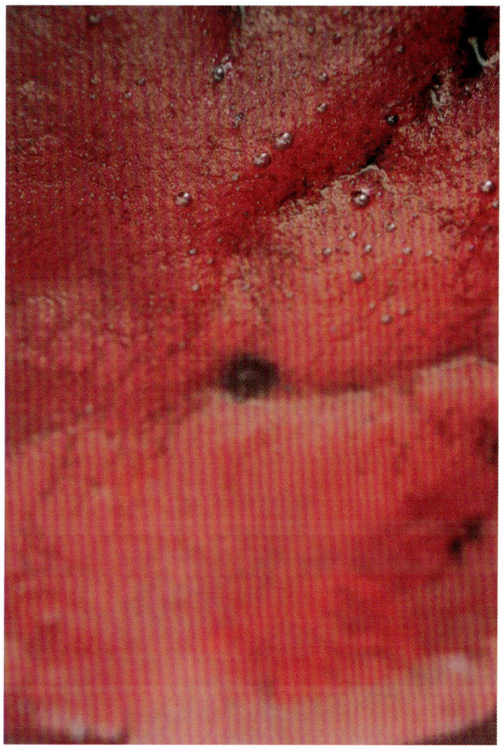

“芙蓉花糖衣配黑醋栗和尤加利”，将洛神花浸液置于玻璃盘上脱水，再小心翼翼地将其提起，做成糖衣。

帕可婕烧杯是用来制作雪芭和冻干粉的器具，烧杯里装满了绿松球浸液的冻干粉末。下图所示为整齐排列的山竹果肉。

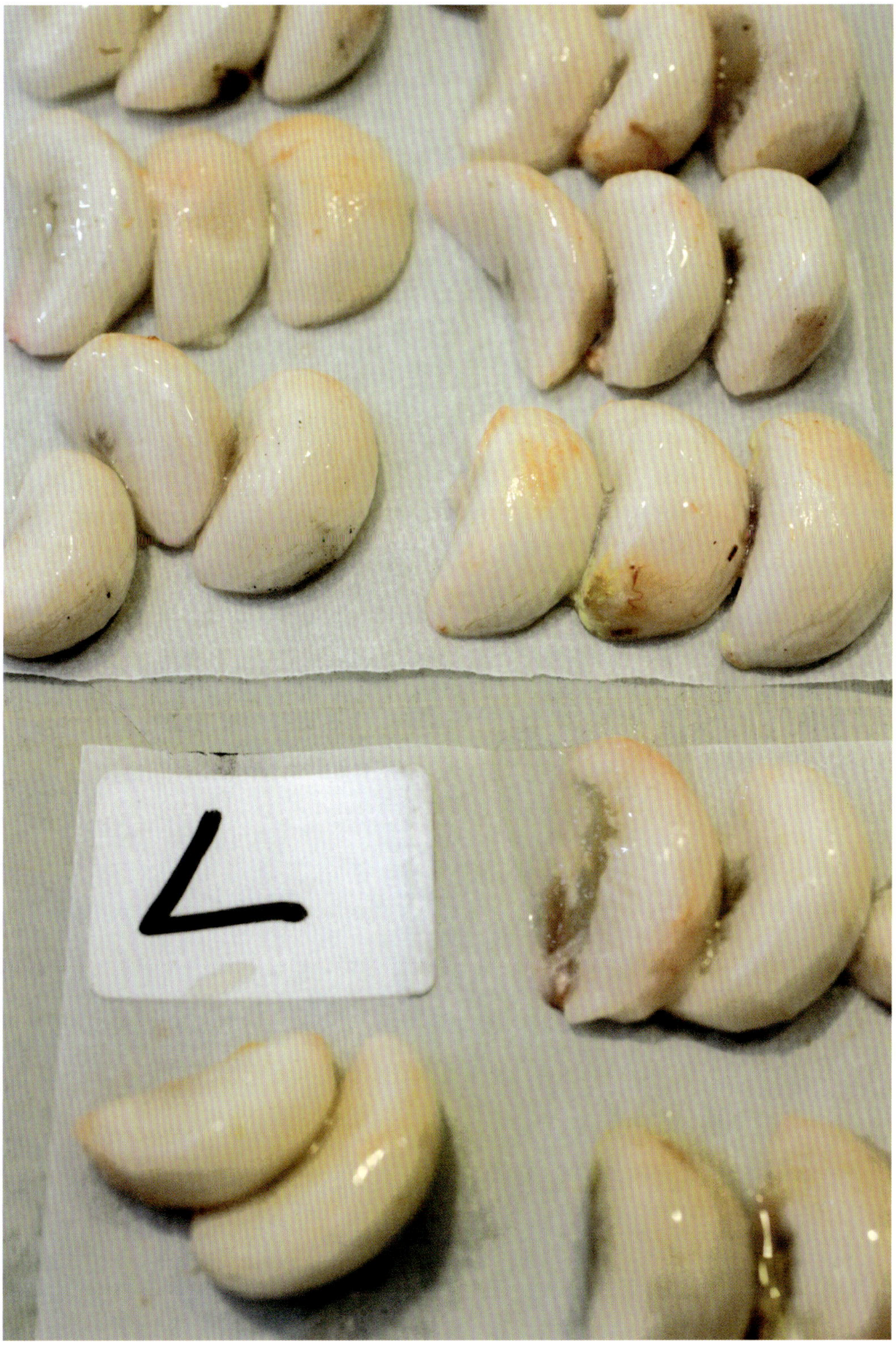

开心果裹上开心果果酱，并浸入液氮中，变成“开心果液氮裹糖”。该名字来源于“裹糖衣”（garrapiñar，比如糖衣杏仁）的制作过程，但在斗牛犬餐厅，糖果的松脆表层是借助液氮将坚果外的焦糖糖液快速冷冻制成的。

黄豆龙须面的制作需要使用注射器。将一块冰块放在注射器尖端，黄豆液体被推出的同时，将立即形成凝胶状的黄豆龙须面。

厨师们在制作“菠萝佐茴香叶”时，需要测量菠萝条长度，挑拣冰草的叶子，制作糖衣并将黄瓜、洋葱和金橘雕成花形。

主厨们最重要的工作

食谱开发完成后，如果不严格执行，最的结果依旧会不尽如人意，就算使用了最好食材，所有的努力也会功亏一篑。主厨们需要查味道、酱汁或汤的浓稠度、食材的品质、切的厚度、分量的多少以及特定的烹调技巧是得到完美展现。

一旦营业开始，要修改错误几乎是不能的。

Eduard Xatruch

Sharwood's
MILD

CENTRO HOTELERO ALBERTO
Pablo

除了要准备当晚营业所需的食材，餐前准备还包括制作员工餐、汤和调味汁。

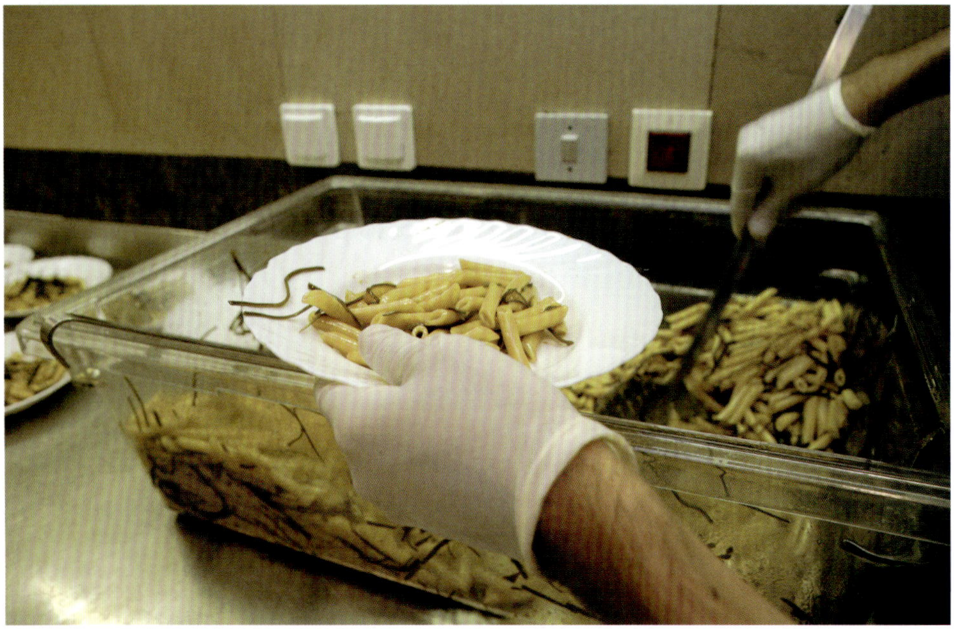

员工餐

对斗牛犬餐厅来说，员工餐非常重要。果连员工都照顾不好，更别说照顾客人了。员餐的菜单于营业季之初便已详细制订。每天，工餐都会由一位厨师精心烹调。

谁说斗牛犬餐厅不提供传统食物？

这里是一份经典的员工餐单：

周一

菊苣配干果和坚果油醋汁

炖猪脸肉

周二

奶油培根通心粉

烤洋蓟配红椒杏仁酱

周三

奶油西葫芦配面包干

咖喱鸡腿配苹果

周四

面包碎焗花菜

薄猪肉排配番茄沙拉

周五

蔬菜沙拉

慢烤牛肉配土豆泥

周六

欧芹酱配土豆和水波蛋

炙烤沙丁鱼

周日

番茄罗勒汤

兔肉手抓饭

斗牛犬餐厅的同事如同家人一样

10分钟小憩

来杯咖啡，或做点别的。不久之后剧目就要上演。

蓄势待发

“Cambio de tercio”，此为西班牙语的斗牛语，字面意为“改变场地”，意指在不同的斗牛段之间，空气中弥漫着可以体察到的剑拔弩张气息。这种感觉很类似——厨房已经准备就绪厨师们在正式营业前会更换新的围裙。

厨师们摆出餐盘，备料及所需用品则至小厨房。只有画龙点睛的部分才会在大厨完成。

出菜单的故事

出菜单规划了营业开始前、营业过程中和之后的准备所需，为斗牛犬餐厅的日常营业穿针引线。出菜单是各餐台的菜单指南，详细列出为特定客人上菜的内容。

出菜单始于前一天营业结束之后，其需要确保全部所需食材均有库存。第二天的菜单会从费朗制订的周菜单中挑选。

HOLY BULL!

HOLY BULL!

HOLY

18:45

根据来访客人的不同，费朗会就第二天特别需要准备出菜单的客人做记录，并写下所需的购物清单。

第二天的13:05，主厨们会决定最终菜单。15:30确定出菜单，并输入电脑。

18:50，主厨们最后一次浏览出菜单。20分钟后出菜单会打印出来，每位主厨和餐厅经理手中都有备份。

19:45，首位客人抵店。直到23:30前，出菜单可以说导演了所有发生在厨房和餐厅中的故事。

晚餐结束，每位客人都会收到自己的菜单，00:30，相关人员会对当日菜单样本进行归档。

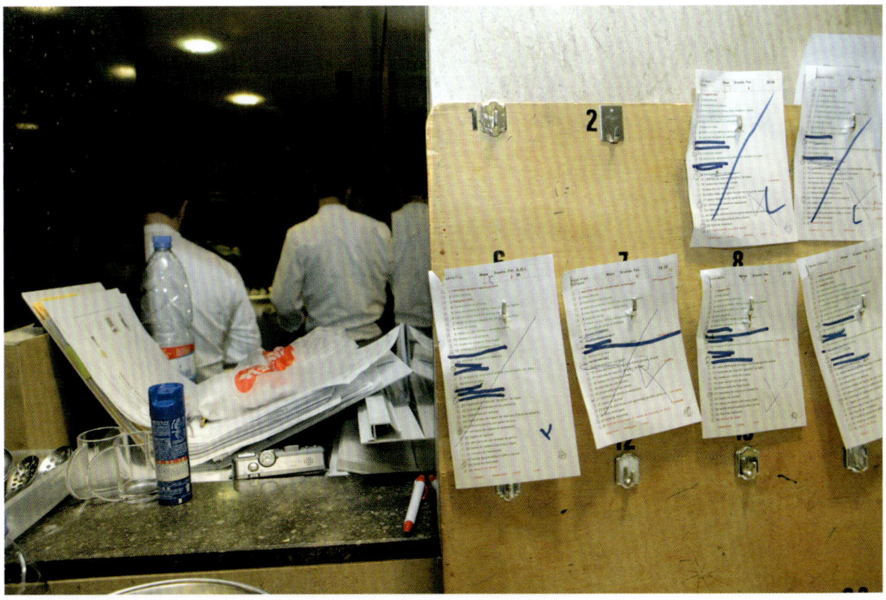

18:50

出菜单的最终检查

这是最后一次彻底检查的机会，详细到出菜单最细节的部分，以及针对备料的检查。营业期间没有时间犹豫不决，对任何可能发生的问题做预案会让你在接下来的几个小时内有条不紊。

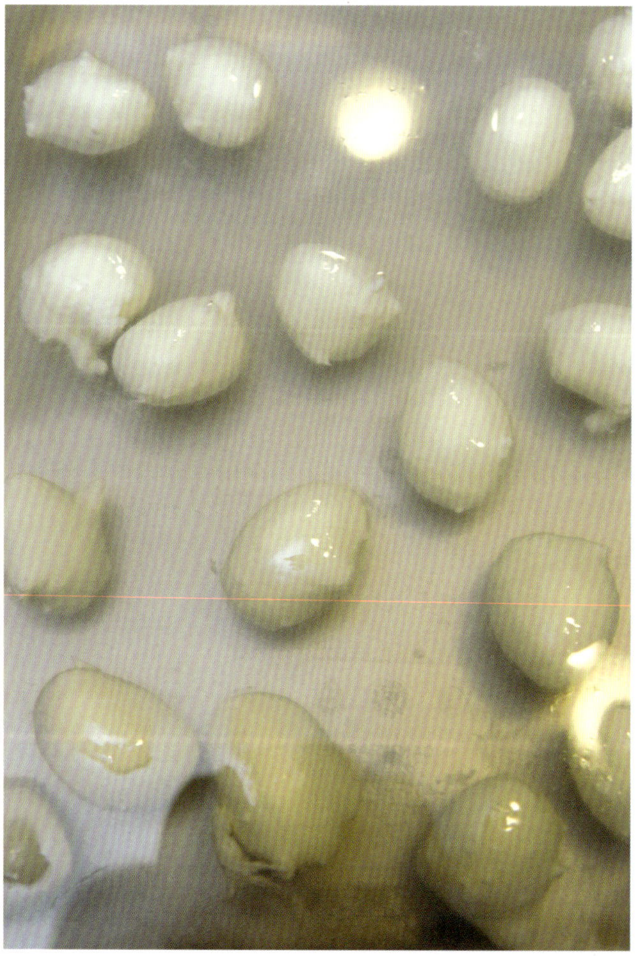

创造方法 II

联想

直接的联想创造法是斗牛犬餐厅首先使用的创造方法。其包括列出食材、烹饪技巧、酱汁和配料的表格及明细，这些将作为厨师的辅助，帮助他们试着从现有的食材出发，创造出全新的烹饪方法或与众不同的食材组合方式。斗牛犬餐厅在多年创造新菜的过程中，提炼出了一系列联想列表；这些列表为厨师打下了坚实的基础，在此基础上，他们可以加入自己的想象及知识。联想列表可以排列出无数种风味、食材和技术的组合，厨师们必须使用自己的常识和精神味觉来决定走哪条路。

在斗牛犬餐厅，最早用联想法创造的菜肴是“油浸牛肝菌薄片配土豆、黑松露和羊莴苣佐兔腰”。这道菜的初衷在于以全新的方式来处理牛肝菌，我们认为以制作意式生牛肉的方式处理牛肝菌一定很有趣。另外，完整的菜的组成需要配菜，于是选择了沙拉。精神味觉在决定沙拉的材料上起了作用，要记住，沙拉的组合应该能够与“意式生牛肉片”有机结合。我们选择了羊莴苣、土豆和黑松露，这是出于对菜肴色、质的考虑。当我们审视冷酱汁时，对既有食材的认识引导我们选择了黑松露汁和松子油醋汁。锦上添花的是从“肉类和内脏”一栏中选择的兔腰。在做所有这些决定的时候列表像是备忘录般为我们列出了所有可能，但永远是厨师的知识和经验决定了最终的选择。

灵感

所有的这些创造方法中，灵感法是最容易理解，同时也是最难以诠释的。灵感需要参考源——艺术、时尚、音乐、美食学、建筑学、自然——作为菜品的突破点，菜肴随后会以该领域的灵魂及表达形式发展。比如，早期的一款菜肴——“生熟甜菜根沙拉配鱼子酱”——就以花瓣为灵感，而“四季豆巢配龙虾螯和小牛胰腺”则顾名思义是从鸟巢中获得的灵感。自然一直是斗牛犬餐厅发展重要的灵感来源。很久之后，受到摄影启发，一张记录了覆盖白雪的地貌和隐隐出现的新鲜绿芽及花朵的照片。启发我们创造出了“融雪”一菜，它模拟雪，而新鲜的香草则作为嫩芽的代表加入菜品中。

人类的创造同样也能提供灵感。继1987年的“高迪红鲻鱼”（Red mullet Gaudí）之后，多年来，斗牛犬餐厅一直向多位大师致敬。在这道菜肴中，鱼上点缀的节瓜和番茄象征着加泰罗尼亚大师的经典马赛克作品。斗牛犬餐厅推出了“伟大的黑色”（Gran cru negra）一菜则是以黑芝麻酱制成的黑色十字架向20世纪加泰罗尼亚艺术家安东尼·塔皮耶斯的经典主题致敬。

改良

最基本的改良手法是将现有的菜肴——可以是经典的法式料理或传统西班牙菜——根据厨师的个人口味、烹饪风格和审美重新制作。改良在高级餐厅中非常常见，特别是那些采用传统或本地菜肴的餐厅，会将菜“旧药换新瓶”，让摆盘更精致、食材选用也更高级。斗牛犬餐厅的“龙虾番茄冷汤”就是很好的例子：番茄冷汤是安达鲁西亚的蔬菜冷汤，通常使用蔬菜碎，并由食客自己来添加面包丁。我们对菜肴进行改良，这样其他成分就能成为该菜的中心。呈现在客人面前的是精心摆放的香草和蔬菜，每种食材的制备和切法都不同，包括填有龙虾的小番茄。汤品本身由站在桌边的侍者倒入客人碗内，客人随即就能认出这是番茄冷汤。为了更好地体现创意过程，改良还取决于客人视觉上能够认出这道菜。这就需要对客人是否能够体会厨师的心意进行解读。当然，改良不仅仅适用于传统或经典菜肴。在斗牛犬餐厅，许多菜是在甜味和鲜味世界之间进行互换的。比如，“茄子汤配茄子饺和巴萨米克焦糖味酸奶”这道菜在同年后期就被改良成“茄子、酸奶和蜂蜜饺”的甜点。

解构

作为创造方法，解构是改良的延伸，它最早出现于1995年。这两种方法需要以某道原始菜肴作为突破点，并借助客人对原始菜肴的回忆才能成功。在改良法中，尽管菜肴在厨师的创意下进行了变形，但最终的结果仍然保留了原始菜肴某些可见和可识别的特征。在上面的例子中，尽管番茄冷汤一开始端上桌时并没有被马上认出，但当汤倒入碗后即刻见分晓。番茄冷汤的原始概念得以维持。但在解构中，菜肴的每一种形态都得到修改，不管是外形、形式、质感还是三者皆是。尽管就风味而言，食物维持了原始的要义（确实，解构的目的在于强调或突出原始风味)，但新菜的外形是经过伪装的。解构反而更依赖于客人对原始菜肴的既有观念，毕竟如果没有菜肴的参考结构，解构就毫无意义。为了让解构法得以成功，作为引导的厨师们需要首先站在客人的角度进行思考。

此外，解构还取决于菜肴的名字。斗牛犬餐厅早期的一款解构菜的例子便是“咖喱鸡两吃”，其中，咖喱鸡的元素改变成咖喱冰激凌、苹果啫喱、椰子汤和鸡汁。整道菜以两种方式呈现，这两种方式让这道菜与其说是主菜，不如说更像是甜点。如果将菜肴命名为“咖喱冰激凌配苹果啫喱和椰子汤”，那这个文字游戏就不会收到预期的效果。虽然解构法通常用于整道菜肴，但就算是经典菜肴的某一元素，比如荷兰酱，也可以解构。或者，单一元素也可以解构成不同口感，正如在“菠萝的质地”一菜中，水果以多种方式呈现，尽管有时这也算是极简法。

有两种方式与解构法关系尤为紧密：“重构”和“非构”。这两者均是菜肴制作中的创造手法，个中差别在成品中较难分辨。重构以某完成的菜肴为出发点，不管菜肴本身是传统还是新潮的，厨师在审视菜肴的组成部分并将它们重新排列组合，并不一定要对食材进行修改，但需要做成一道新菜。非构的出发点在于食材，而不是整道菜肴：原始食材的口感和形式经过某些程度的修改或转变，使最终的成品与菜肴的原始版本毫无相似之处，就像在解构中一样。“冻干胡萝卜泡沫配榛子泡沫佐科尔多瓦香料”(Carrot-LYO foam with hazelnut air-foam and Córdoba spices)就是一例。

极简

极简很难在美食领域进行定义，但它是斗牛犬餐厅的一个创造手法，意指将“魔法”最大化，或用最少的食材将感官享受最大化。因为此概念非常主观，所以菜肴是否属于极简派还有待商榷。这里，“极简”不是指现代、朴素的表达方式，而是在尽少转变食材的前提下创造出与客人互动的创意菜肴。极简与精简的区别在于，虽然极简食材较少，但它仍然可以包含多个处理过程；食谱可以很复杂，但概念仍然是极简主义的。此外，极简的菜不一定都是小碟——但也不意味着小碟上不会有大量不同的食材。

斗牛犬餐厅的菜肴充满极简化的特色。首先，菜肴必须是一口食，一小口就能尽可能地表达出菜肴特色，就像在“焦糖化鹌鹑蛋”中一样。斗牛犬餐厅中大部分的小吃归为此类，比如“反向球化椰子蛋饺配巴萨米克陈年黑醋”（Spherical raviolo of coconut with traditional balsamic vinegar）。当然，大份的菜肴也可以是极简化的：“冷冻鸭肝藜麦配清汤”（Frozen duck foie gras quinoa with consommé）就是西班牙小吃的例子，菜中的食材很少，但以非常不同的口感和温度（冰冻粉末和热汤）将感官刺激最大化。“词形变化”（declension）是语法术语，指在词汇后加入不同的尾缀以改变词汇的词性（比如，shows, showing,showed）。在斗牛犬餐厅中，我们用该术语作为极简化的一种方法。菜肴以单一食材为中心，并以不同的形式和质感来表达。既然食材本身打乱了结构，故这也属于解构的一种。“多种质感番茄菜肴”（Textured tomatoes）便是“美食学中的词形变化”最好的例子。在这里，菜肴包括番茄冰霜、番茄精油、番茄啫喱和番茄泡沫；此外，它还使用了番茄中受到忽略但却也是最有趣的部分：番茄籽。我们用类似啫喱的物质将番茄籽粘在一起，并毫无保留地呈现在菜肴中。一种极简化的衍生手法在斗牛犬餐厅被称为“多元化”，即将属于同一科的食材——而非单一食材本身——展现在菜肴中。这种形式的极简化亦可称为“单主题”（monothematic，音乐术语），它可能包括烤蔬菜或海鲜拼盘，就像在“贝壳拼盘”（Mollusc platter）中一样，该菜肴中结合了多款西班牙本地的贝壳类海鲜，每颗贝壳都烹调到完美，以最好地展现其自然风味。

菜单结构的改变

就在不久前，经典高级餐厅的菜单还是多年不曾改变。餐厅提供前菜（头盘）、主菜和甜点，客人挑选各自心仪之物。通常还会有奶酪推车供客人自行挑选；用餐结束，还会奉上收口小食配咖啡。20世纪70年代的“新菜烹调法”热潮引入了精选菜单或品鉴菜单。主厨们得以展现各自才华，并将各自特色囊括在多种固定菜式但分量较少的菜肴中；客人们无须进行选择，菜肴也实行分享制。现在，在大部分高级餐厅中，精选菜单和零点菜单一起出现，但前者能更好地展现餐厅的饮食哲学。

在斗牛犬餐厅，与大部分菜单比，精选菜单更能彰显斗牛犬餐厅创意团队的饮食哲学。与其他米其林星级餐厅做法不同，斗牛犬餐厅并未给客人提供菜单，而且客人在品尝完佳宴之前是不会收到完整菜单的。菜单是作为晚宴回忆最后呈现给客人的。每位客人的菜单事先由费朗决定，并根据客人的食物偏好量身定制。但这种做法不是突然降临至客人面前，而是经过演化自然形成的：在1997年，60%的客人会选择精选菜单，到2001年，选择精选菜单的客人数量上升到了90%。当客人确认预订后（通常他们需要长途跋涉来到斗牛犬餐厅），客人们一般都想尽可能多吃几道菜。斗牛犬餐厅完整的料理哲学需要用多种菜肴呈现，即鸡尾酒、小吃、塔帕斯拼盘、先锋甜点、甜点和渐变小点轮番上阵。

菜单的结构应该像电影结构或短篇故事的一样。菜单诠释的料理哲学必须从一而终，厨师们需要借由菜单来表达自己的烹饪理念。需要多方考虑菜肴的分量、菜肴的摆盘和时间以及客人的偏好。此外，菜单主题不应重复，应有多个篇章。

斗牛犬餐厅的精选菜单在多年来得到不断进化。1983年，以开胃酒作为开场，紧随其后的是4道鲜味菜肴、奶酪推车、甜点推车，并以收口小食收尾。1991年至1995年，菜单发展出塔帕斯，甜点车由盘式甜点取代。没有了甜点车，甜点就能像主菜一样展现出创意性和戏剧性。1995年的精选菜单包括开胃酒、三道塔帕斯、五道小份主菜、奶酪推车、两道甜点和收口小食。1996年加入了“前甜点”，1997年加入了脱水塔帕斯，1998年由厨师们制作鸡尾酒等做法将斗牛犬餐厅的精选菜单从传统精选菜单的形式中逐渐剥离。1998年斗牛犬餐厅创造出了“谢幕”，作为传统收口小食的衍生。变体通常出现在甜点之前，但最终在2003年取代了“谢幕”。菜如其名，“变体”是流动、不断变化的概念，意指以轻松的形式作为尾声。1997年，斗牛犬餐厅取消了奶酪推车，小吃和主菜最终在2003年合二为一，即塔帕斯拼盘。目前，斗牛犬餐厅典型的精选菜单包括一款鸡尾酒、五道脱水小吃、四道新鲜小吃、十五道塔帕斯拼盘、一道前甜点、两道甜点和多款变体。

尽管精选菜单的发展是循序渐进的，但比较1983年和2008年的菜单就可以发现，斗牛犬餐厅挑战传统“外食”及客人应该吃什么东西的态度是十分激进的。以这种方式设计菜单得以将用餐精心安排成完整的体验。作为创意手法，对菜单结构的分析可以帮助厨师理解、细化并将感官体验逐一添加到每道菜中。

新食材的探索

尽管对新食材的探索一直以来都是斗牛犬餐厅菜肴开发的重要组成部分，但斗牛犬餐厅才将食材的研究作为创意手法的一种。因为如果菜肴受到食材“基因”的启发（或是独一无二的特性），使用新食材的新菜通常在概念或组成上是开天辟地的，许多甚至要求全新的烹饪技术来支撑。以新食材为基础的创作一般需要有机结合多种创意手法，这些新菜可能和使用全新烹调技术的新菜一样富有创意。事实上，斗牛犬餐厅营业的最后几年，厨师们花了一整年的时间在市场和贸易大会上寻找新的食材，联络经销商，并不断研究新食材应用的可能性，包括非美食环境下的食材。木炭作为食物就是这样有趣的发现——古法治疗感冒时会将木炭混合牛奶，这引起了创意小组的注意。创意工作室的试验发现，当木炭与油脂混合时，效用更好。木炭油的发明最终创造出了诸如“木炭油风味羊脑”（Charocal-oil flavoured lambs` brains）的新菜。

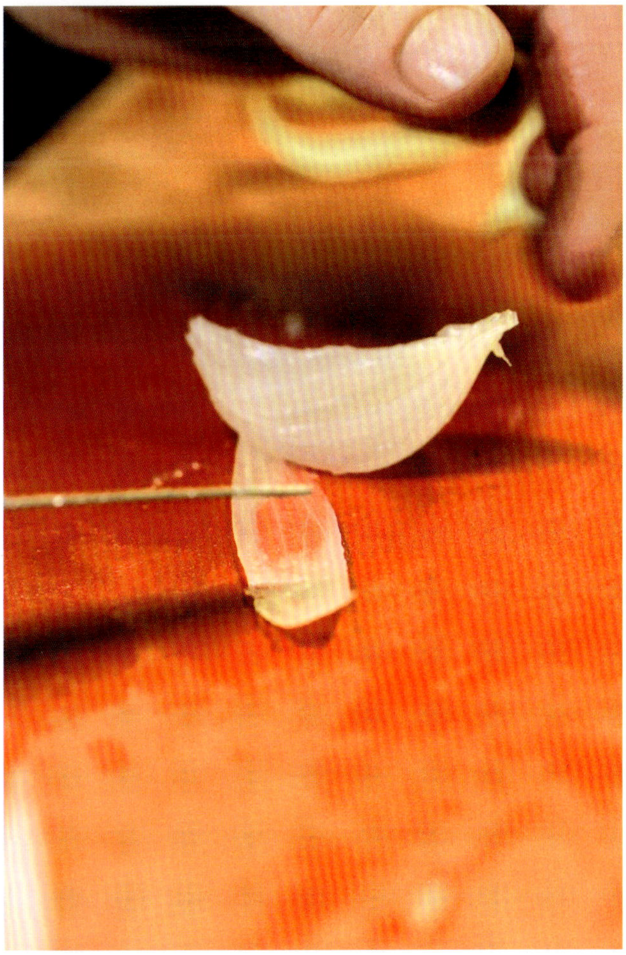

检查细枝末节

新鲜香草在斗牛犬餐厅中非常重要，许多菜肴中都会包含它们独特的味道。尽管香草在摆盘上的地位不可动摇，但其绝非徒有其表。

19:00

停车场开放

提前抵达的客人可以先停车，用餐前还有时间在花园里闲庭信步。花园里种植着本地植物和富有区域特色的香草。花园的设计在于让客人感受纯净、自然的氛围，促进人与自然的融合。

前场后场交流会议

侍者与费朗、奥里奥尔和阿尔韦特的交流会议会解决和客人相关的问题。谁会前来就餐?是否有回头客?任何过敏源或客人介意的食材都会事先让侍者知晓,并会就前一晚营业中发生的问题做出提示。

主厨们还会解释新菜以及食谱中的变化,并讨论客人们对某样小吃的反应或对新菜的反馈。向客人阐述菜肴是非常重要的。如果摆在客人面前的菜是以全新的概念为基础制作的,侍者们应该引导客人,使其更好地享用眼前这道美食,以使客人的用餐体验最优化,这就像对从未吃过奶酪锅或寿司的人来说,解释是必不可少的。此外,摆盘呈现也会极大地影响客人对菜肴的想法。

还剩15分钟

领班侍者、餐厅经理和主厨们已经准备就绪，最终的出菜单也放置到位。万事俱备只欠东风了。

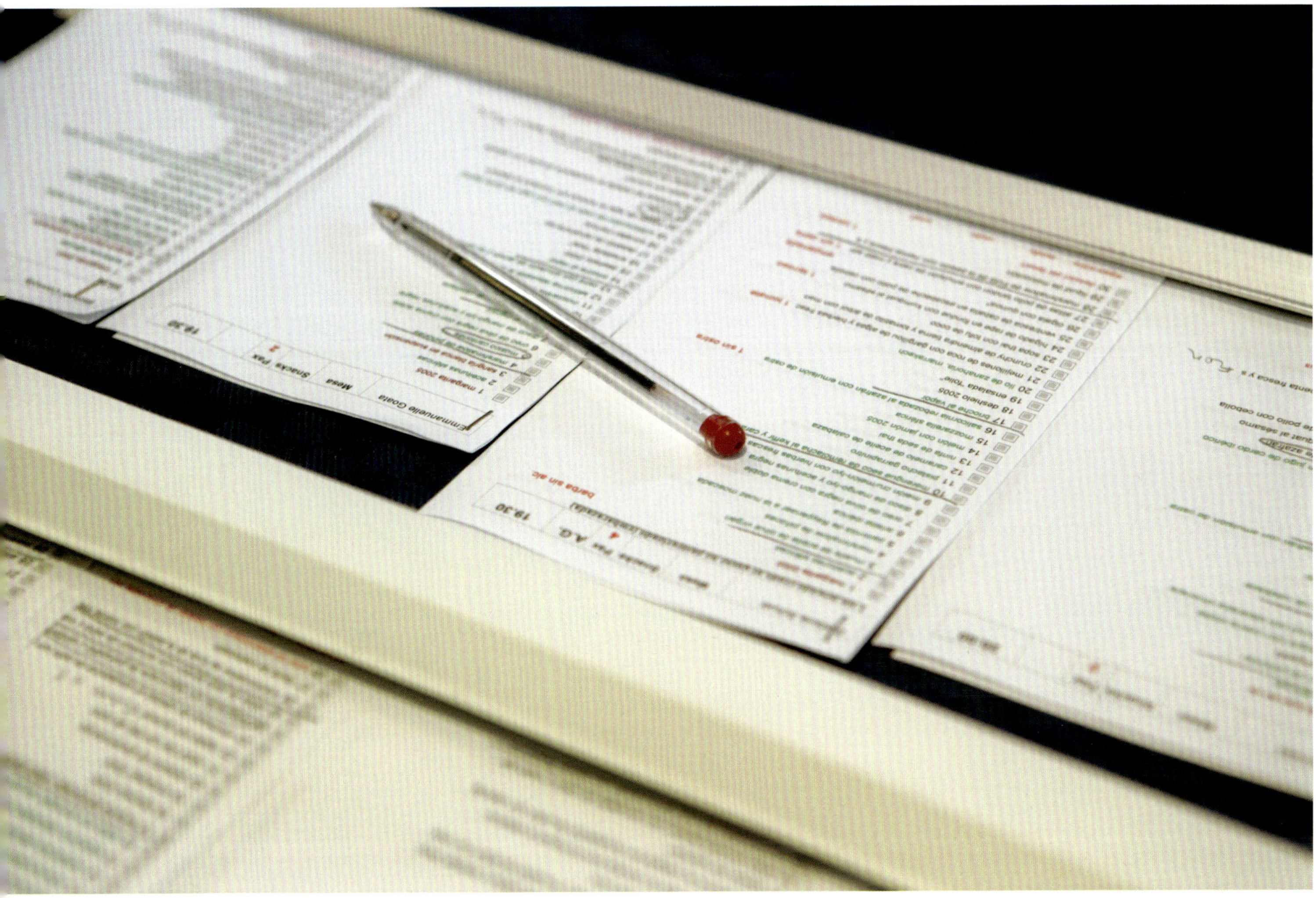

最终检查

餐厅大门打开

在前往斗牛犬餐厅的路上，心中跃起的对不可知的兴奋是就餐体验的一部分

19:45

—

各就各位

批客人抵店

第一幕以鸡尾酒开始

客人抵店后，会被引入餐厅，费朗会亲自接见。

落座后，客人会收到主厨特制的鸡尾酒，基酒为雪莉酒、卡瓦起泡酒、香槟或任何客人偏爱的基酒种类，用来搭配第一款小吃。

客人从酒单上选择葡萄酒，可以马上开瓶享用，也可以等到第二款小吃上桌后再品尝。

“你必须在自己想做的事情、可操作的事情和客人的喜好之间找到平衡点。”

客人在食用“氮化凯匹林纳”（Caipirinha-nitro）。制作这款甜点的灵感源于经典的凯匹林纳鸡尾酒，但是将鸡尾酒转变成质感细腻的雪芭。

“氮化凯匹林纳”上桌时温度极低，但会瞬间在口中雪芭成液体，因此客人根本无法感受到任何冰晶。

酒精和新鲜薄荷结合得天衣无缝，为客人
来了清新和慰藉的感觉。

主厨们制作鸡尾酒

一开始，鸡尾酒都是用经典方法制作的。但在1998年后，厨师们会使用在小吃、塔帕斯拼盘和甜点中运用过的料理技术和概念来制作鸡尾酒。比如，“玛格丽特”包含了“玛格丽特星冰乐”、咸味气泡和一块冰。侍者把喜马拉雅盐刨在咸味气泡上，而该鸡尾酒需要用塔帕斯勺享用。

玛格丽特

可制作10人份

100%糖浆

» 75克　水
» 75克　糖

—

1. 将糖与水混合，煮沸。
2. 冷却。

玛格丽特星冰乐

160克　柠檬汁
150克　水
100克　准备完毕的100%糖浆
120克　龙舌兰酒
30克　君度酒

—

将所有食材混合，放入2厘米深的容器中。

冷冻。

结成冰后，用汤匙将其捣碎成颗粒状的冰沙。

冰模

» 2千克　冰块
» 1个　边长8厘米的方形亚克力模具，深6厘米
» 1个　直径5厘米的圆柱体，高5厘米

—

1. 将冰块压碎，填入方形亚克力模具中，达到4厘米左右高。
2. 把圆柱体放入模具中，用冰块将周围的空隙填满。
3. 移开圆柱体。
4. 重复步骤3，直到制作10个有圆柱形中空的立方体冰柱。

—

也可以使用塑胶模具，将水灌满模具，冷冻成冰即可。

咸味气泡混合物

» 2.5千克 水
» 345克　盐
» 9克　卵磷脂

—

用手持搅拌器在碗里混合食材。

其他

» 1厘米×3厘米　喜马拉雅盐块
» 细末刨刀

完成及摆盘

1. 在冰模中放入50克玛格丽特星冰乐。
2. 用手持搅拌器搅打咸味气泡混合物的表层，直到混合物乳化，形成气泡。
3. 让气泡静置1分钟，以产生稍坚实的质感。然后，用甜点勺盛起咸味气泡，放在玛格丽特星冰乐上。
4. 侍者应该在顾客面前用细末刨刀在气泡上刨入一些喜马拉雅盐。

—

这道菜与2003年的“玛格丽特喷雾和冰冻玛格丽特”一样，是经典的玛格丽特鸡尾酒的衍生食谱。

—

餐具：

塔帕斯勺，14厘米长，最宽不过3厘米。

如何享用：

由下自上盛起才能同时吃到星冰乐和咸味气泡。

斗牛犬餐厅的菜单

菜单虽如行云流水般顺畅，但可分为四幕，每幕均有独自的特色。

第一幕

欢迎宾客，献上鸡尾酒和小吃，如果天气允许，通常会在露台开始

- 玛格丽特
- 反向球化绿橄榄
- 松子棉花糖
- 摩洛哥风味混合香料佐立体脆配柠檬罗勒嫩芽
- 广东琥珀干果
- 芒果黑橄榄圆片
- 五种胡椒佐真空腌制甜瓜/冻干甜瓜配新鲜香草和青杏仁
- 南瓜子油糖
- 泰国仙女
- 蜜瓜火腿
- 反向球化马苏里拉奶酪
- 海蓬子天妇罗配藏红花和牡蛎奶油
- 蒸布里欧修面包配玫瑰味马苏里拉奶酪

第二幕

第二幕是菜单中最丰富的部分，包括鲜味塔帕斯拼盘；换句话说，这些菜都需配上餐具享用。

- 融雪
- 冻干胡萝卜泡沫配榛子泡沫佐科尔多瓦香料
- “疯狂”沙拉
- 岩石滩贻贝配海藻佐新鲜香草
- 简易高汤焖小蜗牛配醋蟹肉和苋米佐茴香
- 泥土
- 鮟鱇鱼鱼肝奶酪锅配柚子醋汁和白芝麻风味金橘
- 鲭鱼肚浸醋鸡肉汁配洋葱和香醋“鱼子酱”
- 海螯虾配藜麦三重奏
- 唐杜里鸡翅配琉璃苣嫩芽、牡蛎奶油和麦托奶酪奶盖

第三幕

客人们沉浸在甜味世界中，从先锋甜点开始，一直到完整的甜点盘。

- 蜜桃琼浆
- 熔岩甜百香果/舒芙蕾配豆蔻太妃冰泡沫
- 冻干巧克力气泡配树莓雪芭和桉树刨冰

第四幕

终幕，渐变小点登场，客人再次回到露台，不管是餐后对话，还是来杯咖啡、餐后酒或品支雪茄，想待多久都没关系。

- 百香果树
- 巧克力裹冻干水果
- 酸奶树莓麻糬
- 菠萝佐茴香叶
- 咖啡和餐后酒

反向球化绿橄榄：从罐子里取出的反向球
橄榄瞬间在空中爆开，纯净而浓烈的橄榄
地展现了新鲜绿橄榄最原始的风味。

“费朗为您准备了量身定制的菜单”

这是餐厅经理向客人介绍菜单时的开场。随后，他们会核对客人是否对任何食材过或忌食某种食材。此外，经理们还会提及罕的食材，这些食材的风味不一定每个人都能受，所以客人可以自行决定选择保留还是换别的菜。

如果客人患有糖尿病，或对麸质、奶制、坚果、海鲜或其他食材过敏，这意味着客可能连菜单上20%的菜都吃不到。针对这些人，餐厅同样准备了同样庞大的菜单，这样门也能像其他客人一样在斗牛犬餐厅尽享时。但是，如果厨房没有事先获得这些信息，就很难办，因此，客人完整的饮食偏好须事先知厨房。

自2002年起，客人就无须特意点菜了。

胡利迎客

28年来，客人抵店时，胡利总是会亲自迎客，他本人就是斗牛犬餐厅体验的核心。

“不要谈论餐厅，谈谈你在餐厅的体验。”

20:20

—

第一幕大约为45分钟

尽管每餐的用餐时间为3~4小时，但30道菜中每一道的流程都应保持迅速而精确。每道菜晚2分钟，客人就会多待1小时。但是，无论对演出的节奏掌控要求有多高，侍者们从未忽略过客人的需求。

“菜单好像是多组镜头组成的电影。”

小吃准备完毕：麦芽粉蒸汽法棍配焦糖肉桂“糖”；黑橄榄奥利奥饼干配高脂厚奶油；帕玛森干酪棉花糖。

反向球化绿橄榄

可制作10人份

藻胶溶剂

» 7.5克 藻胶
» 1.5千克 水

—

1. 将水和藻胶混合，用手持搅拌器搅打至柔顺。
2. 将混合物冷藏48小时，直到气泡消失，藻胶充分泡开。

绿橄榄汁

» 500克 维尔达亚尔绿橄榄

—

1. 将橄榄去核。
2. 用榨汁机将橄榄打成泥。
3. 用超厚滤袋过滤橄榄泥，操作时用力挤压过滤袋。
4. 将橄榄汁冷藏。

—

维尔达亚尔绿橄榄是一种产自西班牙南部的绿橄榄，通常作为塔帕斯的一部分。

绿橄榄底液

» 200克 准备完毕的绿橄榄汁
» 0.75克 黄原胶
» 1.25克 钙粉

—

1. 在绿橄榄汁中加入钙粉，静置1分钟，使钙粉与橄榄汁充分融合。
2. 把黄原胶撒在橄榄汁表面，用打蛋器搅匀。
3. 将手持搅拌器调至中速，搅拌。
4. 冷藏24小时。

香氛橄榄油

» 500克 特级初榨橄榄油
» 4瓣 大蒜
» 4个 柠檬，刨皮
» 4个 橙子，刨皮
» 4股 新鲜百里香
» 4股 新鲜迷迭香
» 12粒 黑胡椒

—

1. 大蒜稍稍压碎，在100克橄榄油中煸香，但不要上色。
2. 加入剩余的橄榄油，待其温度再次升高，再加入剩余食材。待凉。
3. 用密封罐将香氛橄榄油封存在干燥凉爽处。

反向球化绿橄榄

» 准备完毕的反向球化绿橄榄底液
» 准备完毕的藻胶溶剂
» 准备完毕的香氛橄榄油

—

1. 在5毫升量勺中装满反向球化绿橄榄底液。
2. 将量勺沉入藻胶溶剂中，让橄榄成形。每位客人可享用2个橄榄。橄榄之间绝对不能接触，否则会粘在一起。
3. 用漏勺将橄榄从藻胶溶剂中取出，再蘸冷水，冲洗干净。
4. 小心翼翼地沥干橄榄，在不接触其他橄榄的情况下将其放入香氛橄榄油中。
5. 冷藏12小时。

其他

» 2个 玻璃橄榄罐

完成及摆盘

1. 在玻璃橄榄罐中放入1片柠檬皮、1片橙皮、1股百里香、1股迷迭香和4粒黑胡椒。
2. 将20个绿橄榄分成2罐装好。
3. 在罐中倒入香氛橄榄油。
4. 在石板上放1罐绿橄榄，搭配1把漏勺及与客人数量相同的药匙。

—

餐具：

药匙。

如何享用：

一口食。

松子棉花糖

可制作10人份

松子棉花糖

- 500克　牛奶
- 9片　每片重2克的吉利丁片
- 40克　初榨松子油
- 75克　烤松子粉
- 盐

—

1. 将400克牛奶在冷冻库中降温至3℃。
2. 同时，把吉利丁片和剩余的牛奶在锅中混合。
3. 锅中温度保持40℃，将吉利丁融化，再将混合物倒入搅拌碗中。
4. 开始搅打混合物。30秒后，将冷却的牛奶一次全部倒入混合物。
5. 继续搅打3分钟。再加入松子油。
6. 继续搅打30秒，并将混合物倒在透明塑料板上，厚度均为2.5厘米。
7. 冷藏2小时。
8. 将冷藏后的混合物切成2.5厘米的小块。
9. 将小块放入密封容器中冷藏。
10. 临上桌前，在小块上稍稍撒盐，并在其周围四面裹上烤松子粉，上下两面不撒烤松子粉。

完成及摆盘

将成品放在蓝色玻璃托盘上，每人2个棉花糖。

—

餐具：

无。

如何享用：

一口食。

摩洛哥风味混合香料佐立体脆配柠檬罗勒嫩芽

可制作10人份

油炸立体脆

- 20个　生的“3D”立体脆
- 500克　橄榄油
- 10克　“法特玛·哈尔”牌摩洛哥风味混合香料
- 盐

—

1. 将橄榄油加热至180℃。
2. 油炸立体脆，直到其膨起，呈金黄色。
3. 用漏勺舀出，用擦手纸将多余的油沥去。
4. 用盐和摩洛哥风味混合香料调味。

—

立体脆是锥形薯片的品牌。
在完成和摆盘前才油炸生的立体脆，且只选择形状明显的填馅。
摩洛哥风味混合香料是摩洛哥的香料组合，包括莳萝籽、芫荽、姜黄、生姜、豆蔻等。法特玛·哈尔是摩洛哥的食品作家。

其他

- 10克　“法特玛·哈尔”牌摩洛哥风味混合香料

填馅

- 100克　打发高脂厚奶油
- 60根　柠檬罗勒嫩芽

—

1. 将打发好的奶油装入裱花袋并冷藏。
2. 将嫩芽修剪至3厘米长。

完成及摆盘

1. 用奶油填满每个立体脆。
2. 每个立体脆中摆3根柠檬罗勒嫩芽。
3. 最后在立体脆上点缀少量摩洛哥风味混合香料。小心地保持嫩芽直立。

—

餐具：

无。

如何享用：

立体脆应一个一个地食用，每次一小口。

—

斗牛犬餐厅与零食制造商“乐事”公司合作，才诞生了“立体脆”这个产品。

广东琥珀干果

可制作10人份

蜂蜜糖煮核桃

- 20个　直径2厘米的核桃切半，去壳
- 300克　水
- 225克　砂糖
- 450克　迷迭香蜂蜜

—

1. 把水、蜂蜜和砂糖均分在3口锅中，使每口锅中都有⅓的水、糖和迷迭香蜂蜜。
2. 将核桃放在其中一口锅中，缓慢煮沸，撇去浮沫。捞出核桃，放入第二口锅。
3. 核桃放入第二口锅中后，重复步骤2，捞出再放入第三口锅中，再煮一次。
4. 确保核桃始终浸泡在容器中的糖液里，冷藏24小时。

蜂蜜糖煮松子

- 300克　水
- 225克　砂糖
- 450克　迷迭香蜂蜜
- 80颗　野生松子

—

1. 把水、蜂蜜和砂糖均分在3口锅中，使每口锅中都有⅓的水、糖和迷迭香蜂蜜。
2. 将松子放在其中一口锅中，缓慢煮沸，撇去浮沫。捞出松子，放入第二口锅。
3. 重复步骤2，并将松子放在最后一口锅中，如法炮制。
4. 确保松子始终浸泡在容器中的糖液里，冷藏24小时。

其他

- 1千克　葵花籽油
- 盐

蜂蜜糖煮绿开心果

- 300克　水
- 225克　砂糖
- 450克　迷迭香蜂蜜
- 60颗　绿开心果，去壳

—

1. 把水、蜂蜜和砂糖均分在3口锅中，这样，每口锅中都有⅓的水、糖和迷迭香蜂蜜。
2. 将开心果放在其中一口锅中，缓慢煮沸，撇去浮沫。捞出开心果，放入第二口锅。
3. 重复步骤2，并将开心果放在最后一口锅中，如法炮制。
4. 确保开心果始终浸泡在容器中的糖液里，冷藏24小时。

香料粉

- 12克　四川花椒
- 12克　八角
- 16克　芫荽籽

—

1. 将香料磨成粉。
2. 将香料放在密封罐中，并置于干燥凉爽处。

完成及摆盘

1. 将3种坚果从糖液中捞出、沥干。分别在165℃的葵花籽油中炸至呈焦糖色。
2. 从油中将坚果捞出，轻轻撒上盐和香料。将坚果放入垫有烘焙纸的烤盘里，使其冷却，这样糖会结晶，形成香脆的外皮。
3. 将坚果摆在黑色石板上。

—

餐具：

无。

如何享用：

一次吃一颗，每次享用不同的坚果。

芒果黑橄榄圆片

可制作10人份

芒果脆片基底

- 150克　卡尼尔芒果泥
- 25克　艾素糖
- 5克　葡萄糖
- 45克　糖霜

—

1. 将芒果泥、艾素糖、葡萄糖和一半的糖霜在美善品多功能料理机内加热至80℃，搅打5分钟。
2. 将混合物过滤，再加入剩下的糖霜，用打蛋器搅拌均匀。
3. 将制成的芒果脆片基底放入密封罐中。

黑橄榄水和黑橄榄油脂

- 400克　阿拉贡黑橄榄

—

1. 将橄榄去核，用榨汁机将橄榄打成泥。
2. 用超厚滤袋尽可能多地滤出黑橄榄汁。
3. 将橄榄汁倒入量杯中，并置于干燥凉爽处。
4. 12小时后，橄榄中的油脂会浮在橄榄汁表面，将油脂与水质部分分离。
5. 两部分都要冷藏保存。

脱水芒果脆片

- 150克　准备完毕的芒果脆片基底
- 1张　与脱水芒果脆片相同尺寸的透明纸，在纸上切出20个直径2.5厘米的孔
- 1张　与脱水芒果脆片相同尺寸的硅胶垫

—

1. 将透明纸放在硅胶垫上，并在纸上均匀地涂上芒果脆片基底，使其盖过漏孔，高度大约1毫米。
2. 将芒果脆片在55℃下脱水48小时。
3. 脱水完毕后，将芒果脆片放在密封罐中，并置于干燥凉爽处。

黑橄榄乳液

- 50克　准备完毕的黑橄榄水
- 半片　每片重2克的吉利丁片，在冷水中泡开
- 0.5克　气泡糖
- 50克　准备完毕的黑橄榄油
- 0.5克　单甘酯和甘油二酯

—

1. 在用中火加热的⅓黑橄榄水中融化吉利丁片，再加入剩余的黑橄榄水。
2. 加入气泡糖，并用手持搅拌器搅打均匀。
3. 与此同时，将单甘酯和甘油二酯加热至约50℃，与黑橄榄油混合。
4. 把黑橄榄油缓缓混入黑橄榄水中，用手持搅拌器使二者融合。
5. 冷藏2小时。
6. 一旦成形，将其切成10份，每份0.2克。

完成及摆盘

1. 将3个小号寿司卷帘卷成筒状，两边卷紧，接缝处朝下，形成平面。
2. 将卷帘放在石板上。
3. 把芒果脆片放在卷帘上，并在芒果脆片上点缀0.2克黑橄榄乳液。
4. 每片上再放另一片芒果脆片。

—

餐具：

无。

如何享用：

一口食。

五种胡椒碎佐真空腌制甜瓜/
冻干甜瓜配新鲜香草和青杏仁

可制作10人份

30%糖浆底液

» 500克　水
» 150克　砂糖

—

1. 将水和砂糖混合，煮沸。
2. 冷藏。

冻干甜瓜块

» 半个　甜瓜

—

1. 用汤匙把甜瓜的籽去除。
2. 竖着将甜瓜切成6份。
3. 用小利刀将每份的皮去除。
4. 将甜瓜块的两头去除，切成10个2厘米的立方体。
5. 将甜瓜块放入冻干机中。
6. 等到冻干完成，将甜瓜块放在密封罐中，并置于干燥凉爽处。

甜瓜块

» 半个　熟透的甜瓜

—

1. 按上述步骤1~4操作。
2. 将甜瓜块置于密封罐内，冷藏。

西班牙甜瓜块

» 半个　西班牙甜瓜

—

1. 按照冻干甜瓜制作的步骤1~3操作。
2. 将瓜块两头切碎，切出3个边长为2厘米的正方体。
3. 切出3个边长为2.5厘米的等边三角形。
4. 切出4个边长为2.5厘米的菱形。
5. 冷藏。

真空腌制薄荷罗勒甜瓜

» 10块　准备完毕的甜瓜方块
» 10块　准备完毕的西班牙甜瓜粒
» 10片　新鲜薄荷叶
» 10片　新鲜罗勒叶
» 500克　准备完毕的30%糖浆底液

—

1. 将所有食材放入密封袋中。
2. 真空密封。糖浆会浸入水果和香草中。
3. 将其放入冷冻库降温，但要避免结冰。

去皮青杏仁

» 20颗　去皮青杏仁

—

将青杏仁去皮，装在密封罐内，放入冰箱中冷藏。

银花盆配冰

» 5个　银花盆
» 2千克　冰块

—

1. 将冰块压碎。
2. 在花盆内装入冰块，将其放在冷冻库中。

其他

» 在胡椒研磨器中装入5种胡椒粒。

完成及摆盘

1. 打开密封袋，将其中的食材沥干。
2. 在每个花盆内摆2块冻干甜瓜块、2块冻干西班牙甜瓜块、2片新鲜罗勒叶、2片新鲜薄荷叶和4颗青杏仁。
3. 上桌前，将胡椒研磨成胡椒碎撒在每块甜瓜上。
4. 将花盆放在石板上，并摆上2组银镊子。
5. 在每个花盆上摆2块冻干甜瓜，并上桌。

—

餐具：

银镊子。

如何享用：

一次一口，每次吃一种不同的甜瓜块。

南瓜子油糖

可制作10人份

南瓜子油糖

- 200克　艾素糖
- 75克　法米利尔·英格尔南瓜子油

—

1. 用中火将艾素糖融化，并加热至120℃。
2. 将4克南瓜子油倒在容量为18克的半圆形量勺中。
3. 将直径2.5厘米的金属刻模的锐利的一边浸在融化的艾素糖中，并慢慢拉出，这样在切刀底层能形成薄膜。
4. 快速将量勺内的南瓜子油倒入刻模内；这样再裹上热的焦糖薄膜，使南瓜子油外层裹上一层焦糖。
5. 用剪刀将南瓜子油糖滴落的糖线剪成4厘米长的小段。
6. 重复上述步骤，做10颗糖。
7. 将南瓜子油放在密封罐中，并置于干燥凉爽处。

—

使艾素糖保持120℃是很重要的，这样焦糖才不会上色过度，从而保证南瓜子油糖外层光洁细腻。

其他

- 15片　边长5厘米的可食用金箔
- 盐

完成及摆盘

1. 每颗糖上撒1撮盐，并用小刷子将金箔摆在糖上。
2. 将糖摆在带孔的黑色长板上。

—

餐具：

无。

如何享用：

小心翼翼地用手指拿起糖，并放入口中。无须咀嚼，让糖在口中自然融化，南瓜子油会慢慢溢出。

泰国仙女

可制作10人份

黄瓜棒

- 1根　300克的黄瓜

—

1. 黄瓜去皮，纵向切成两半。
2. 用汤匙将籽去除。
3. 将黄瓜小心地切成5厘米×1厘米×1厘米大小的长方体。
4. 冷藏。

泰式馅料

- 20克　芫荽嫩芽
- 4克　红咖喱酱
- 10颗　花生，烤香并去壳
- 50片　新鲜芫荽叶
- 20片　1厘米长的新鲜罗勒叶
- 4克　马德拉斯（Madras）咖喱粉
- 6克　白芝麻，烤香
- 5克　罗望子泥

—

1. 清洁芫荽嫩芽，并去除所有的籽。
2. 将芫荽嫩芽摆在烘焙纸上，叠成10个2厘米×5厘米的长方体。
3. 在每半颗花生上摆1撮红咖喱酱、2股芫荽嫩芽。
4. 每层芫荽嫩芽上再摆5片芫荽叶和2片罗勒叶。
5. 将马德拉斯咖喱粉和白芝麻撒在每叠芫荽嫩芽上。
6. 保持室温，避免受潮。
7. 将罗望子泥装入裱花袋内。

其他

- 50克　砂糖
- 10克　椰奶粉

完成及摆盘

1. 将8克糖装入棉花糖机器中，制成10厘米长的糖丝。
2. 将糖丝放在垫有烘焙纸的烤盘上。
3. 将椰奶粉撒在糖丝上，每撮糖丝中摆一份泰式馅料，每份馅料间隔6厘米。
4. 在每份沙拉上放上1根黄瓜棒，并挤入2滴罗望子泥。
5. 用糖丝完全包裹住沙拉，用干燥的刀切开，形成棉花糖卷，中间包有沙拉。
6. 去除任何留在边缘的糖丝。
7. 即刻摆在黑色石板上上桌。

—

该小吃仅在空气湿度低于65%时才能制作。

—

餐具：

无。

如何享用：

拿起泰国仙女，用两口吃完。必须快速享用，这样糖丝才不会塌陷。

蜜瓜火腿

可制作10人份

伊比利亚火腿清汤

» 250克　伊比利亚火腿边角料
» 500克　水

—

1. 去除火腿多余的脂肪，将其切成边长约1厘米的火腿块。
2. 加水，浸没火腿，不断去除表层脂肪和不洁物，浸泡约15分钟。
3. 用超厚滤袋过滤。不要让清汤变浑浊，或试图去除更多脂肪。
4. 冷藏。

哈密瓜汁

» 500克　哈密瓜

—

1. 将哈密瓜去皮、去籽。
2. 用榨汁机将哈密瓜打碎，并用超厚滤袋过滤出哈密瓜汁。

其他

» 新鲜研磨的黑胡椒碎

伊比利亚火腿清汤加黄原胶

» 250克　准备完毕的伊比利亚火腿清汤
» 0.6克　黄原胶

—

1. 用手持搅拌器将黄原胶与伊比利亚火腿清汤混合搅打至柔顺。
2. 冷藏。

哈密瓜“鱼子酱”底液

» 250克　哈密瓜汁
» 2克　藻胶

—

1. 待哈密瓜汁冷却后，将藻胶和⅓的哈密瓜汁混合，并用手持搅拌器搅拌至柔顺，直到哈密瓜汁完全溶解藻胶。
2. 拌入剩下的哈密瓜汁。
3. 将其过滤并在室温下待用。

钙粉溶液

» 500克　水
» 2.5克　钙粉

—

用打蛋器将钙粉溶解在水中，待用。

完成及摆盘

1. 将哈密瓜底液装满4根注射器。
2. 将哈密瓜底液逐滴滴入钙粉溶液中，将其“煮”3分钟。
3. 待其形成鱼子酱状的小球，捞出，用水清洗。沥干。
4. 在每个香槟杯中装入25克含有黄原胶的冷藏火腿清汤。
5. 将10克哈密瓜鱼子酱状小球装入杯中，搅拌，使其与火腿清汤混合。
6. 点缀上新鲜研磨的黑胡椒碎。

—

这道菜与1994年的“蜜瓜火腿”一样，是传统风干火腿配蜜瓜的衍生菜品。

—

餐具：

无。

如何享用：

每次饮用一小口。

反向球化马苏里拉奶酪

可制作10人份

马苏里拉奶酪水

» 4粒　500克装罐装新鲜马苏里拉水牛奶酪

—

小心打开奶酪罐，盖子不能破碎（稍后盖子会被作为餐盘使用）。取出奶酪球，奶酪水待用。

马苏里拉底液

» 220克　马苏里拉水牛奶酪
» 150克　准备完毕的马苏里拉奶酪水
» 70克　脂肪含量35%的单倍奶油（淡奶油）
» 20克　高脂厚奶油
» 4克　盐

—

1. 将马苏里拉水牛奶酪与奶酪水用榨汁机搅拌均匀，直至奶酪略有颗粒。
2. 将单倍奶油煮沸，加入步骤1的混合物和高脂厚奶油。在榨汁机中搅拌10秒。
3. 加盐，拌匀，冷藏。

藻胶溶液

» 5克　藻胶
» 1千克　水

—

1. 将藻胶和水在榨汁机中混合，搅打直至柔顺。
2. 将混合物倒入容器中，约6厘米深。

反向球化马苏里拉奶酪

» 200克　准备完毕的马苏里拉底液
» 1千克　准备完毕的藻胶溶液

—

1. 用15毫升的量勺，将马苏里拉底液浸入藻胶溶液中，形成球体。
2. 让反向球化马苏里拉奶酪在藻胶溶液中“煮”12分钟。
3. 用漏勺将反向球化马苏里拉奶酪取出。用水清洗奶酪球，再将其浸入马苏里拉奶酪水中。
4. 冷却。

完成及摆盘

1. 将反向球化马苏里拉奶酪浸在马苏里拉奶酪水中，装在原来的罐子里。将罐子与汤匙一起放在石头上。食用前，侍者打开罐子，将反向球化马苏里拉奶酪舀在客人面前。

—

餐具：

汤匙。

如何享用：

一口食。在口中将其抿化，让液体流出。

—

此款小吃的另一呈现手法是在反向球化马苏里拉奶酪中注入新鲜冰凉的罗勒水啫喱，且它通常会与灌有罗勒油的冻干马苏里拉奶酪球一起享用。

海蓬子天妇罗
配藏红花和牡蛎奶油

可制作10人份

清洗牡蛎

» 3个　200克的拿破仑牡蛎

—

1. 用牡蛎刀打开牡蛎。保留牡蛎中的汁水。
2. 握住牡蛎壳，切开其联结的部分，取出牡蛎肉。
3. 用剪刀将须剪去。
4. 用超厚滤袋过滤牡蛎的汁水。冷藏。

—

拿破仑牡蛎是加利西亚产的大型牡蛎。

天妇罗面糊

» 50克　糯米粉
» 80克　水

—

用手持搅拌器将糯米粉和水搅拌均匀并冷藏。

烟熏西班牙培根油

» 50克　条状烟熏西班牙培根

—

1. 将培根切成边长2厘米的培根片，用小火在锅中将其熬出油脂。不要煎培根。
2. 将油脂过滤，待用。

牡蛎奶油配条状烟熏西班牙培根

» 25克　准备完毕的干净牡蛎
» 30克　准备完毕牡蛎汤汁
» 8克　准备完毕的烟熏西班牙培根油

—

1. 将牡蛎与牡蛎汤汁搅拌均匀。
2. 用融化的培根油将步骤1的汤汁在室温下乳化。
3. 过滤并冷藏。

烤藏红花粉

» 3克　藏红花花蕊

—

1. 将藏红花花蕊在炒锅中煸香。
2. 碾碎藏红花花蕊，直至形成颗粒较大的粉末。

海蓬子

» 120克　海蓬子嫩芽，约4厘米长

—

1. 挑选品质最高的海蓬子，称量出10份，每份重10克。
2. 冷藏。

—

海蓬子生长在沿海的盐碱地中。其茎呈绿色，口感丰厚。但在季末，海蓬子会略带红色。

其他

» 1千克　橄榄油

完成及摆盘

1. 将油加热至175℃。
2. 将海蓬子快速蘸上天妇罗面糊，放入橄榄油中炸制。避免相互接触，否则会粘在一起。
3. 用厨房纸沥干多余的橄榄油。
4. 将海蓬子分别放在10块长方形石板上，稍稍撒上烤藏红花粉。
5. 每份6克牡蛎奶油，单独装在碗内。

—

餐具：

无。

如何享用：

拿起海蓬子天妇罗，蘸牡蛎奶油食用。

蒸布里欧修面包
配玫瑰味马苏里拉奶酪

可制作10人份

布里欧修面团

- 375克 通用面粉
- 100克 酸面包酵头
- 67.5克 牛奶
- 32.5克 糖
- 6.5克 新鲜酵母块
- 140克 蛋液
- 115克 软化黄油
- 盐

—

1. 将面粉和酸面包酵头放入搅拌机的搅拌桶中。
2. 装上搅拌钩，搅拌速度为全速的¾。
3. 将糖和酵母块在牛奶中溶解，倒入搅拌机中。
4. 等待1分钟，然后加入蛋液。
5. 搅拌至面团柔顺。
6. 加盐，再揉制1分钟。
7. 加入黄油块，直到黄油与面团充分混合，面团不粘连桶壁。
8. 将面团包好，冷藏12小时。

—

酸面团酵头是水和面粉的混合物，再使其自然发酵，从而产生天然酵母。它是制作酸面包时的醒发介质。

发酵布里欧修面团

- 120克 准备完毕的布里欧修面团

—

1. 将面团揉成长条。
2. 将面团切成10个12克的小面团。
3. 将小面团揉成球状。
4. 将10个球形面团放在烘焙纸上。
5. 将球形面团在室温下静置30分钟，再在32℃下醒发3小时。
6. 面团应保持严密覆盖，以防止干燥。如果需要的话，可在室温下醒发。

马苏里拉奶酪碎

- 2粒 150克的新鲜马苏里拉奶酪球

—

1. 将马苏里拉奶酪球的外层拨开（保留外层，以用于制作其他菜肴）。
2. 用手将奶酪球中间顺滑的部分捏碎。
3. 冷藏。

玫瑰气泡底液

- 500克 牛奶
- 4滴 玫瑰精油
- 2.5克 气泡卵磷脂

—

在深口容器中将三者混合均匀。

完成及摆盘

1. 用手持搅拌器搅打玫瑰气泡底液的表层，直至底液乳化并形成气泡。
2. 将球形布里欧修面团蒸制16分钟。
3. 面包蒸制完毕后，用剪刀在其顶部剪一小口，放入7.5克马苏里拉奶酪碎。
4. 用面火炉将放有马苏里拉奶酪碎的面包加热30秒。离火，并在面包上舀上1勺玫瑰气泡底液。
5. 在黑色石板上铺缎面纸，把面包摆在纸上。

—

餐具：

无。

如何享用：

用手捏住布里欧修面包的底部，两口吃完。

制作小吃：往蒸布里欧修面包里填入玫瑰马苏里拉馅；准备芒果和黑橄榄圆片；最后装饰膨化雷明那干酪（Popped Reypenaer）。

冰冻汤配黄瓜和玫瑰汤力水由侍者在桌边完成。

核桃波波罗尼奶油糖酥饼、石莼菜和白芝夫及冻干香蕉芝麻配咖喱粉。

用镊子夹取真空腌制薄荷醇西瓜。这名侍者正在向客人解释该如何品尝这道菜肴。

客人通过餐厅的路线

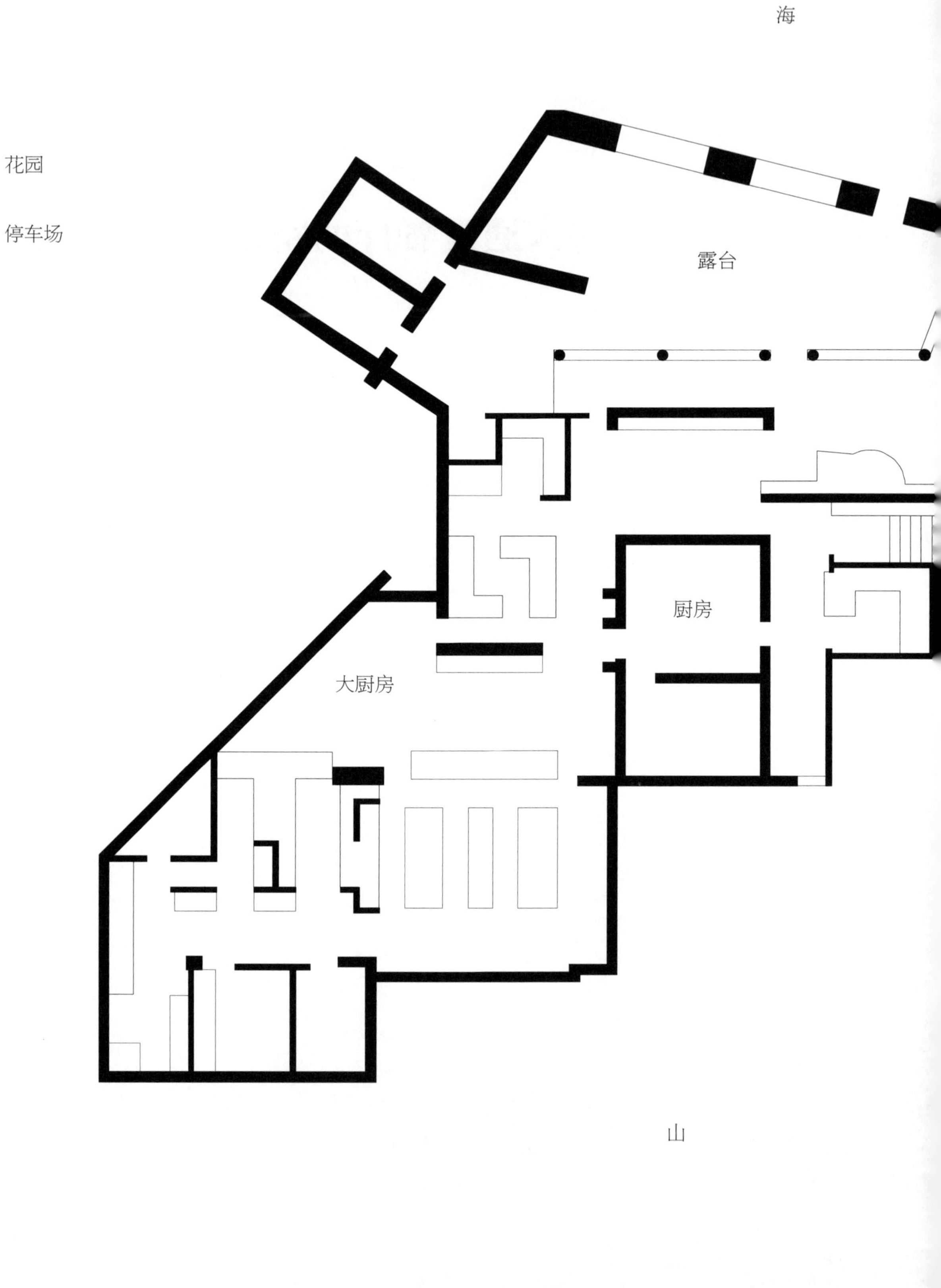
海
花园
停车场
露台
厨房
大厨房
山

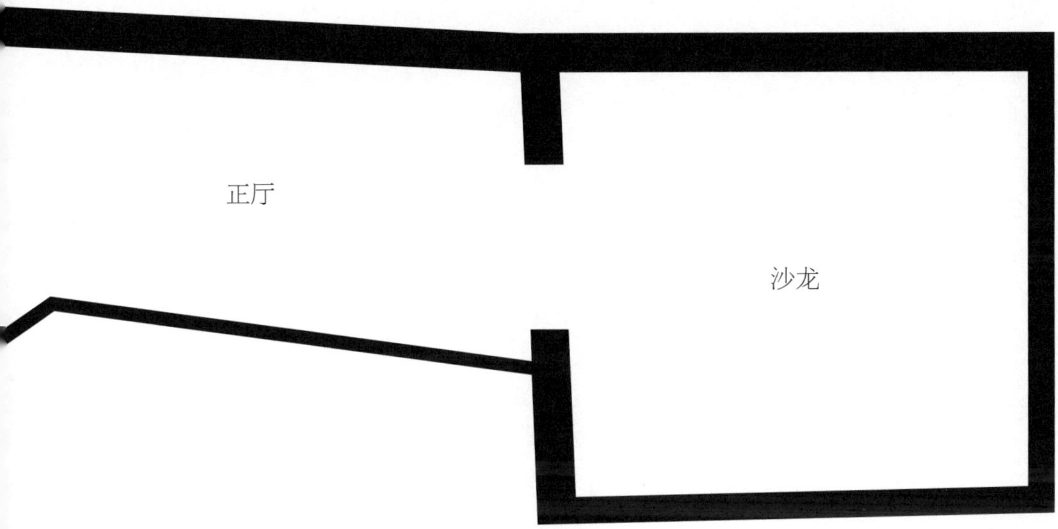

客人通过餐厅的典型路线：

1. 来到餐厅与费朗打招呼。
2. 来到露台享用鸡尾酒和小吃。
3. 来到正厅或沙龙享用正餐。
4. 回到露台，品用变体、咖啡、餐后酒或任何餐后所需的美物。
5. 回到餐厅与厨房告别。

多个因素决定了客人的行走路线，比如，天气不好时客人就无法使用露台了。

芒果松脆叶与万寿菊花

视觉、听觉、触觉、嗅觉和味觉……这是一次全方位的感官体验。

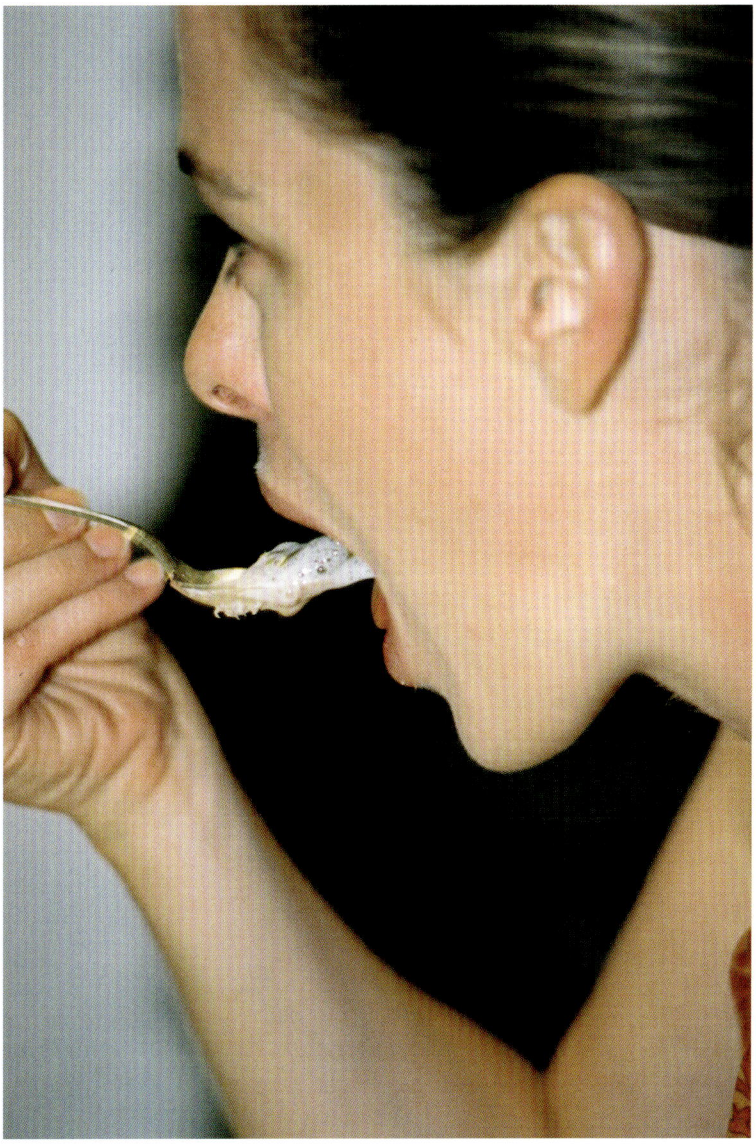

用餐时，客人的愉悦之情有4个层面：首先，是饥肠辘辘得以满足后单纯的生理愉悦，这是最基本快乐，但并不因其最为基本而显得不重要；其次，是感官获得的愉悦，比如，它告诉我们，这道菜是否"好吃"，我们是否喜欢，是否太咸，抑或在其他餐厅或别的场合尝过更美味的菜肴，诸如此类；再次，是与情感相连的愉悦，即存在的事均彼此关联，比如客人体会到的关注和热情、共餐之人以及客人自身的期待。大部分餐厅都能满足这3种愉悦。

但是，还有一个层面与人之常理有关。以非美食学的范畴来定义这顿饭是否令人精神上得到满足，需要其他元素加入其中，比如幽默感、讽刺、挑衅、儿时记忆，抑或——极其重要的一点——能够体会美食学上的创意。这些方面是客人在一般的餐厅中无法找到的，但事实上，它们是菜肴和菜单的重要组成部分。这在斗牛犬餐厅中被称为"第六感官"。当新菜问世时，目标是让客人在这4个层面均得到愉悦，在品尝的同时能够感受这些愉悦之情。

"有些客人可以洞察其他客人无法察觉的方面。"

在前排的4小时

餐厅中是体会不到厨房中紧张的气氛的，但那些选择在内场用餐的客人几乎可以和餐厅员工一样，真实感觉斗牛犬餐厅的一举一动。

厨房里的“主厨餐桌”并不总会被使用。每季一开始，没有人会知道有谁、在什么时候会预订这张餐桌。使用“主厨餐桌”的客人通常是斗牛犬餐厅的老朋友。对厨师们而言，能近距离地观察客人体验新菜是非常有趣的，因为这让厨师有机会发现之前未曾遇见的菜肴的相关问题。最终，有了客人真实反应的参照，厨师们可能会提升摆盘的方式或改变侍者完成菜肴的方式。

餐厅和客人之间会发生什么？

厨师和客人通过菜肴进行交流，而厨师、侍者和客人的学识和经验都会成为客人用餐体验的一部分。在厨房工作台工作的厨师与餐桌旁享用美食的客人之间的距离将由侍者的悉心照顾得以缩短。因此，侍者在帮助客人适应厨房节奏并最大化食物体验上起着关键的作用。参与者将各自的价值、专长和感官加入这场体验中，这些可以大致按如下分类。

厨师：输送者

察觉口味和风味的能力

常识和判断力

其他领域的经验

- 艺术
- 食品领域的其他方面
- 工业设计
- 科学和科技

学识

- 历史和文化
- 烹饪技术
- 食材
- 厨房技术

组织

哲学

创造和美学能力

侍者：传输者

用餐过程中创建温馨的氛围

传播食品背后的哲学

将食品端上桌

解释菜肴

控制质量

控制时间

客人：接受者

美食学的经历和知识

- 关于食材
- 关于菜肴
- 关于餐厅和厨师
- 关于风格和特征

感觉

- 视觉
- 听觉
- 触觉　风味
- 嗅觉
- 味觉

第六感官（用智慧来享受烹饪），可以用以下方面进行刺激：

- 离经叛道的餐厅管理
- 儿时记忆
- 魔术
- 爱开玩笑
- 讽刺和挑衅
- 脉络化
- 惊喜
- 心领神会的眨眼
- 认识到所引用的文化
- 困惑的期望
- 迷惑

脑海中

- 客人口味的独特诠释

记忆

- 对于食材
- 对于家宴
- 对于以前在餐厅就餐的经历

精神和情绪

压力随着时间流逝不断增长

这时，几乎所有客人都已经到店了。鸡尾酒、小吃和第一款塔帕斯拼盘都已经上桌。

现在厨房的压力极大，厨师们的注意力已达到巅峰。

为了更好地体会营业期间的服务流程，你最好在厨房待上几个小时。

20:55

侍酒

要制作一款美酒需要最佳的葡萄和上等的葡萄酒酿造技术。但是，侍酒的过程应该专业且充满热情，才能将美酒的特质逐一呈现。

懂酒的人才能识得好酒。食客无须是专家，只要有饮用葡萄酒的常识和兴趣就足矣。

客人选择了自己的葡萄酒后，侍酒师们会从酒窖中或葡萄酒冷柜中寻找客人选定的葡萄酒。侍酒师将酒瓶打开，确保酒的品质，再按需醒酒。然后，侍酒师会让客人试酒。

DOMAINE DE LA
GRANGE DES
1999

20:55

añadir a mi caja
tornar
VER CAJA
nova recerca
imprimir
fitxa del vi
Oloroso
González Byass
1969
0.75 litres
Jerez-Manzanilla de Sanlúcar
Generos
Espanya
Andalucia
D.O.
Palomino Fino >> 100 %
22.0 %
400,00 €
dades del celler
González Byass
Manuel Mª González, 12
Jerez de la Frontera
Cádiz
11403
España
956357000
956357043
atencion@gonzalezbyass.es
www.gonzalezbyass.es
elBulli
FUJITSU
STYLISTIC
start

电子酒单

因为客人在斗牛犬餐厅无法自己选择菜单，所以费朗和胡利认为，客人只要选择能尽情享用的酒即可。胡利和三位侍酒师打造并维护200平方米的酒窖。用餐时长使客人可以尝试诸多不同品种的酒，并用它们来搭配各类菜肴，每位客人都有各自的想法和偏好。侍酒师会在进餐之时与客人亲切交流，讨论他们的好恶，并推荐客人可能喜欢的酒款，但最终，侍酒师还是会鼓励客人自己做出选择。

现在我们拥有电子酒单，比起传统的纸质酒单，客人选酒时能调动更多感官，因此选酒的过程也更有互动的感觉。“斗牛犬维”（elBullivi）计划让客人得以在输入不同的搜索关键字之后，从便携式电子屏上选酒。电子酒单随后会列举筛选后的选项。电子酒单的唯一缺点是因为触屏太好玩，客人可能会把玩几小时。不过，电子酒单在网站上同步更新，所以客人们甚至可以在抵店前就将酒选好。

在主页上，酒单以传统方式列出，或者也可以按以下选项进行筛选：

- 酒的类别
- 国家
- 产地
- 酒精度
- 葡萄品种
- 价格

斗牛犬餐厅酒单中的人气品种

加强型葡萄酒

Jerez-Manzanilla de Sanlúcar DO
- Manzanilla Pasada Pastrana, Vinícola Hidalgo
- Fino Antique, Bodegas Rey Fernando de Castilla
- Amontillado Tradición, Bodegas Tradición

气泡酒

Cava-Penedès DO
- Kripta Brut Nature Gran Reserva 2003, Agustí Torelló
- Celler Batlle Brut Gran Reserva 1999, Gramona
- Manuel Raventós Brut Nature Gran Reserva Personal 1999, Josep María Raventós i Blanc

Champagne-Aÿ AOC
- Grand Millésime 1996, Gosset
- R.D. 1990, Bollinger

Champagne-Epernay AOC
- Dom Pérignon 1996, Moët & Chandon

白葡萄酒

- Nun Vinya dels Taus 2006, Vinifera, Penedès DO
- Selección de Añada 2003, Pazo de Señorans, Rías Baixas DO
- Pedrouzos 2005, Val de Sil, Valdeorras DO
- La Pena 2004, Dominio do Bibei, Ribeira Sacra DO
- Pouilly-Fumé Silex 2005, Domaine Didier Dagueneau, Pouilly-Fumé AOC
- Riesling Cuvée Sainte Catherine Schlossberg l'Inédit 2000, Domaine Weinbach-Colette, Alsace Grand Cru
- Corton-Les-Vergennes Cuvée Paul Chanson 2005, elBulli at Hospices de Beaune, Corton-Les-Vergennes Grand Cru
- Terlano Sauvignon Quarz 2005, Cantina Terlano, Terlano DOC

红葡萄酒

- Clos Mogador 2001, Clos Mogador, Priorat DOQ
- Mas La Plana 1976, Miguel Torres, Penedès DOC
- Ex Ex 6 2004, Castell de Perelada, Empordà DO
- El Pisón 2001, Artadi, Rioja DOCa (Cosecha)
- Pingus 2001, Dominio de Pingus, Ribera del Duero DO (Cosecha)
- Richebourg 2005, Lucien le Moine, Richebourg Grand Cru
- Château Latour 1982, Château Latour, Pauillac 1er Grand Cru Classé
- Insignia 1997, Joseph Phelps, Napa Valley AVA

甜酒

- Oloroso Dulce Matusalem, González Byass, Jerez-Manzanilla de Sanlúcar DO
- Banyuls-Parcé 1952, Domaine du Mas Blanc, Banyuls AOC
- Aszú 6 Puttonyos 1972, Oremus, Tokaji

1976
Meursault-Charmes

厨房全速前进

鉴于每桌客人开始进餐的时间不同，出菜单是唯一可以追溯客人吃到哪一道菜的方法。凭借出菜单，厨师们和侍者们才得以监督每桌客人的就餐进度。

21:10

最后一桌客人抵店

直到多年前，费朗都会亲自来到用餐区迎接客人，就像大部分餐厅主厨所做的一样。但越来越多的客人——一开始是费朗的朋友，后来是大胆的客人，主动来到厨房，想在就餐前一睹费朗真容。而今，驻足厨房已成为每位客人用餐过程的一部分。

第二幕开始

最后一桌客人入座，开始享用鸡尾酒和小吃。

与此同时，其他客人的第二幕即将上演，第一份塔帕斯拼盘端上桌。

“你明白在你内心深处，在餐厅体验到的是真正的创意，就好像造访一个从未到过的国家一样。”

融雪

可制作4份

青松果浸液

» 480克 青松果
» 600克 水
» 75克 糖
» 0.6克 抗坏血酸

—

1. 将青松果在热水中浸泡1分钟，洗净。
2. 将青松果切成边长2厘米的块状。
3. 水中加糖煮沸，再加入切碎的青松果。
4. 加入抗坏血酸，冷藏24小时。
5. 用超厚滤袋过滤，冷藏保存。

青松果冰沙

» 200克 准备完毕的青松果浸液

—

1. 将青松果浸液倒入帕可婕（Pacojet）冰糕机，在−20℃下冷冻。
2. 将冷冻青松果浸液逐一用冰糕机处理，直到形成类似雪花的冰沙。
3. 在−20℃下储藏冰沙。

松仁奶

» 200克 去皮野生松仁
» 240克 水

—

1. 将松仁和水混合，用手持搅拌器充分搅打。
2. 放入冰箱冷藏12小时。
3. 用搅拌机将水和松仁打碎，直至成为奶油状。
4. 用超厚滤袋用力挤压，将所有的液体压出过滤，形成醇厚的松仁奶。
5. 再次过滤，并冷藏保存。

松仁奶雪芭

» 250克 准备完毕的松仁奶
» 2片 ¼片吉利丁片，先在冷水中泡开
» 盐

—

1. 在松仁奶中加入少许盐。
2. 将¼的松仁奶加热至45℃，使吉利丁融化。再加入剩余的松仁奶，并搅拌。
3. 将松仁奶雪芭混合物倒入冰糕机中，以−20℃冷藏。
4. 在摆盘和完成前5分钟，再将雪芭用冰糕机处理2次，并在−8℃下保存。

烤松仁果浆

» 50克 烤香的松仁
» 10克 橄榄油
» 盐

—

1. 将松仁和橄榄油在榨汁机中打碎，直至汁液细腻柔顺。
2. 过滤，并用盐调味。

液氮松仁

» 12颗 烤香的松仁
» 50克 准备完毕的烤松仁果浆
» 500克 液氮

—

1. 将整颗松仁蘸上准备完毕的烤松仁果浆。
2. 将液氮松仁在−10℃下保存。

—

未经安全培训不得操作液氮。

淡甘草泥蛋白霜粉末

» 125克　水
» 125克　巴氏消毒蛋白液
» 7.5克　粉末蛋白
» 25克　糖
» 35克　甘草泥

—

1. 趁所有食材温度较低时，用电动食物处理器将所有食材混合搅拌5分钟。
2. 关闭电源，静置2分钟。
3. 再搅打10分钟，并将混合物淋在垫有硅胶垫的烤盘上，大约1厘米厚。
4. 将混合物在100℃的烤箱中脱水40分钟。
5. 将烤箱温度提高到120℃，再烤40分钟。
6. 干燥后，将蛋白霜装入袋中，碾碎。
7. 将装有蛋白霜粉末的袋放在密封罐中，并置于干燥凉爽处。

岩石青松果蛋白霜粉末

» 125克　准备完毕的青松果浸液
» 125克　巴氏消毒蛋白液
» 7.5克　粉末蛋白
» 25克　糖

—

1. 当青松果浸液及蛋白液处于冷藏温度时，把所有食材混合，并用食物处理器搅打10分钟。
2. 把混合物淋在垫有硅胶垫的烤盘上，大约1厘米厚。
3. 在90℃的烤箱内脱水40分钟。
4. 将蛋白霜切成8块边长1.5厘米的块状。
5. 将剩余的蛋白霜装入袋中，碾碎。
6. 将蛋白霜粉末放在密封罐中，并置于干燥凉爽处。

冻干青松果啫喱

» 准备完毕的青松果啫喱

—

将青松果啫喱冻干72小时，再装入密封袋中，并置于干燥凉爽处。

青松果啫喱

» 200克　准备完毕的青松果浸液
» 1片　将重约2克的吉利丁片先在冷水中泡开

—

1. 把吉利丁片融化在¼量的青松果浸液中，再挤入剩余的青松果浸液。
2. 将步骤1的食材倒入容器中，约1厘米厚，并在冰箱中冷藏2小时以上直到成形。

纯焦糖片

» 100克　翻糖
» 50克　葡萄糖
» 50克　艾素糖

—

1. 将翻糖和葡萄糖放在锅中，搅拌至全部融解，煮沸，再加入艾素糖。
2. 保持中火，直到温度达到160℃。离火。（而后温度应该会再提升5℃。）
3. 把糖液倒在烘焙纸上，厚约1厘米。
4. 当温度重新回复到160℃，将糖切成边长5厘米的块状。
5. 将糖块放在密封罐中，并置于干燥凉爽处。
6. 将焦糖块放在两层硅胶垫中间，在烤箱中加热，直到其融化。
7. 迅速从烤箱中将硅胶垫拿出，并将焦糖擀成1毫米厚的薄片。
8. 将薄片放在密封罐中，并置于干燥凉爽处。

其他

- 5克　新鲜研磨的咖啡
- 4股　紫色紫苏嫩芽
- 4股　绿色紫苏嫩芽
- 4股　新鲜罗勒嫩芽
- 4股　琉璃苣嫩芽
- 4朵　琉璃苣花

—

紫苏是原产于亚洲的香草，风味类似薄荷或罗勒。紫苏有两种：紫色和绿色。如果没有琉璃苣花，用黄瓜花也可以。

完成及摆盘

1. 在汤碗中放入半甜点汤匙的松仁奶雪芭。
2. 用青松果冰沙盖住雪芭。雪芭表面应该比较毛糙。
3. 用1股绿色紫苏、1股紫色紫苏、1股琉璃苣嫩芽和1股新鲜罗勒做成嫩芽束，直立在松仁奶雪芭上。
4. 在嫩芽束旁放1朵琉璃苣花。
5. 把餐盘想象成钟面，把1克咖啡粉放在冰沙的11点方向。
6. 将2厘米高的青松果冰沙放在1点钟方向。
7. 在3点钟方向插上1片边长2厘米的纯焦糖片。
8. 在6点钟方向摆上2块青松果蛋白霜块和半茶匙青松果蛋白霜粉末。
9. 在9点钟方向放上1茶匙淡甘草泥蛋白霜粉末。
10. 最后在冰沙上摆上3颗液氮松仁。

—

此为2004年“融雪”的衍生版本。

—

餐具：

塔帕斯餐具，1套汤匙和餐叉，尺寸为14厘米×3厘米。

如何享用：

先尝一口粉末，再交替品尝不同的部分，但不要将其混合品尝。不打破菜的结构、不混合各种风味十分重要。

冻干胡萝卜泡沫配榛子泡沫
佐科尔多瓦香料

可制作4人份

胡萝卜汁

1.5千克　胡萝卜

—

1. 胡萝卜去皮，榨汁。
2. 用细孔滤网过滤胡萝卜汁并冷藏。

胡萝卜汁冰泡沫

- 500克　胡萝卜汁
- 3.5片　每片重2克的吉利丁片，先在冷水中泡软
- 1瓶　0.5升ISI虹吸瓶
- 1罐　一氧化二氮气弹

—

1. 把⅓量的胡萝卜汁加热，将吉利丁片融于其中。
2. 加入剩余的胡萝卜汁。混合，用细孔漏网过滤，并装入虹吸瓶中。
3. 关好虹吸瓶，充入氮气。
4. 将虹吸瓶保存在冰浴中，并置于冰箱冷藏6小时。

冻干胡萝卜汁冰泡沫

- 准备完毕的胡萝卜汁冰泡沫

—

1. 在10个容量60克的塑料杯中装入胡萝卜汁冰泡沫，并迅速放入冻干机中。
2. 冻干48小时。
3. 一旦泡沫完全干燥，将其均匀切成每人每份3块。
4. 将冻干泡沫保存在烘干机中，这样它才不会潮湿。

榛子奶油

- 120克　去皮烘烤榛子
- 240克　水

—

1. 用榨汁机将榛子和水混合搅打成奶油状。
2. 将榛子奶油倒入帕可婕冰糕机中，在-20℃下冷藏。
3. 一旦榛子奶油冷冻成固体，用帕可婕冰糕机处理3次，并在冰箱中化冻3小时，直至液体质感类似淡奶油。
4. 保持冷藏。

冷榛子泡沫

- 80克　准备完毕的榛子奶油
- ¾片　每片重2克的吉利丁片，先在冷水中泡软
- 40克　榛子泥
- 120克　脂肪含量35%的单倍奶油（淡奶油）
- 1克　盐
- 1×0.5升　ISI虹吸瓶
- 一氧化二氮气弹

—

1. 加热¼量的榛子奶油，将吉利丁片融于其中，再加入剩余的榛子奶油和其他食材。
2. 搅拌并过滤。
3. 将混合物倒入虹吸瓶中，关好虹吸瓶，充入氮气。
4. 在冰箱中冷藏3小时。

西柚片

» 1个 300克的西柚

—

1. 将西柚上、下各切一刀，露出经络。
2. 按螺旋形去皮，露出果肉，这样既不会留下任何外皮或衬皮，也不会改变水果原来的形状。
3. 用利刀剥除西柚果瓣的外皮，取出果肉。
4. 在每片果肉中间切一刀，切成2.5厘米×1厘米的小片。每人需要4小片。
5. 冷藏保存。

牛奶气泡和科尔多瓦香料底液

» 500克 牛奶
» 1.5克 气泡卵磷脂
» 3.5克 法特玛·哈尔科尔多瓦香料

—

1. 加热牛奶。
2. 将手持搅拌器放入香料和牛奶的底液中搅拌，将底液静置24小时。
3. 用超厚滤袋将底液过滤至25厘米深的容器中。在容器中加入气泡卵磷脂，并用手持搅拌器搅拌。

—

科尔多瓦香料通常包含肉桂、豆蔻、丁香和辣椒。

发酵牛奶麦托奶酪

» 500克 发酵全脂牛奶

—

1. 将牛奶倒入小锅，加热至56℃，用塑料铲不断搅拌。静置5分钟。
2. 缓缓地将牛奶用滤网滤出乳清，留下麦托奶酪。
3. 收集麦托奶酪，并冷藏保存。

烤藏红花粉

» 3克 藏红花花蕊

—

1. 将藏红花花蕊在炒锅中炒香。
2. 碾碎藏红花花蕊，直至形成颗粒较大的粉末。

炒榛子

» 4颗 去壳去皮的榛子
» 100克 酸度为4度的橄榄油
» 盐

—

1. 将榛子和橄榄油在冷锅中炒香，不断搅拌。
2. 一旦榛子炒上色，用擦手纸擦去多余的橄榄油，并趁热用盐调味。
3. 将榛子一分为二，待用。

其他

- 2克　初榨茴香籽油
- 2克　新鲜茴香碎
- 20克　纯榛子泥
- 10克　芫荽嫩芽
- 4克　法特玛·哈尔科尔多瓦香料

完成及摆盘

1. 将牛奶气泡和科尔多瓦香料底液加热至50℃，用手持搅拌器在底液表面搅打，直到气泡形成。
2. 在每片西柚上滴入1滴初榨茴香籽油，并放入1撮新鲜茴香碎。将西柚放在盘子中央。
3. 在西柚旁边放上1茶匙麦托奶酪，但不能与西柚接触。
4. 在盘中舀入1勺牛奶和香料气泡。再点上4滴冷榛子泡沫（每滴3克）并放入3.5颗炒榛子。
5. 将榛子奶油呈蛇形淋在泡沫气泡上。
6. 在盘中的气泡正上方点缀3份冻干胡萝卜汁冰泡沫。
7. 在气泡上撒一撮藏红花粉，再在气泡两边轻轻摆上2克芫荽嫩芽，最后在气泡上撒上少许科尔多瓦香料粉。

—

餐具：

塔帕斯餐具，1套，汤匙和餐叉，尺寸为14厘米×3厘米。

如何享用：

冻干胡萝卜泡沫和其他食材交替享用。

“疯狂”沙拉

可制作4人份

褐藻胶溶液

- 1千克 水
- 5克 褐藻胶

—

1. 把水和褐藻胶放入搅拌器中混合搅拌，直至混合物质地顺滑没有结块。
2. 过滤，待用。

反向球化黑橄榄汁溶液

- 100克 准备完毕的黑橄榄汁
- 0.5克 钙粉
- 0.2克 黄原胶

—

1. 将钙粉溶解在黑橄榄汁中。
2. 在液体中加入黄原胶，用手持搅拌器打至顺滑。静置2小时，以消除任何在搅拌过程中可能产生的气泡。

真空洋蓟

- 4×60克 迷你球形洋蓟
- 100克 水
- 25克 特级初榨橄榄油
- 25克 25年陈年雪莉酒醋
- 盐

—

1. 剥下洋蓟外缘的叶瓣，留下洋蓟芯和一小块茎。
2. 把水、醋和油混合，制成油醋汁，并用盐调味。
3. 把油醋汁和洋蓟芯放入真空包装袋中。
4. 将真空包装袋密封。
5. 冷藏6小时。

反向球化羊奶酸奶

- 50克 羊奶酸奶
- 5克 准备完毕的褐藻胶溶液

—

1. 将褐藻胶溶液倒入4厘米深的容器中。
2. 将羊奶酸奶搅打至顺滑没有结块，但不要打发。
3. 将搅打后的羊奶酸奶装入开口内径为2毫米的注射器。
4. 将羊奶酸奶滴在褐藻胶溶剂中，形成4个直径1厘米的小球。
5. 让球体在褐藻胶溶剂中“烹调”1分钟。
6. 从溶剂中取出酸奶球，放入水中清洗。
7. 将酸奶球沥水，不要弄破它们，再将它们放入垫有烘焙纸的容器中。
8. 冷藏。

反向球化黑橄榄

- 500克 准备完毕的褐藻胶溶液
- 100克 准备完毕的黑橄榄汁溶液
- 100克 特级初榨橄榄油

—

1. 用半圆形量勺，舀出8颗黑橄榄球，放入褐藻胶溶液中。
2. 静置1分钟。
3. 从溶液中将黑橄榄球取出，再将它们浸入水中。
4. 从水中取出黑橄榄球，再将它们放入特级初榨橄榄油中。
5. 不要冷藏。

真空大蒜

- 4×6克 大蒜瓣
- 45克 特级初榨橄榄油
- 15克 25年陈年雪莉酒醋
- 盐
- 水
- 1股 干迷迭香
- 1片 月桂叶

—

1. 将大蒜瓣剥皮，用沸水汆烫3分钟。
2. 将大蒜瓣捞出并在冰水中冷却，然后沥干。
3. 将油和醋混合制成油醋汁，并用盐调味。
4. 将油醋汁放入真空包装袋中，加入大蒜和香草。
5. 将真空包装袋密封。
6. 冷藏48小时。

黑橄榄汁

- 500克 阿拉贡黑橄榄

—

1. 将阿拉贡黑橄榄去核。
2. 将黑橄榄用搅拌器打碎，再用纱布过滤。用力挤压出所有的黑橄榄汁。
3. 冷藏黑橄榄汁。

发酵牛奶麦托奶酪

- 500克 发酵全脂牛奶

—

1. 将牛奶倒入小锅，加热至56℃，加热过程中，用塑料铲不断搅拌。然后静置5分钟。
2. 缓缓地将牛奶用滤网滤出乳清，留下麦托奶酪。
3. 冷藏。

腌渍金枪鱼水及油

» 1千克 橄榄油浸金枪鱼罐头
» 300克 水

—

1. 将油从罐头倒出，待用。
2. 将水和金枪鱼混合，稍稍用手持搅拌器打碎。
3. 用超厚滤袋过滤混合物，并收集滤出的金枪鱼水。
4. 冷藏。

腌渍油浸金枪鱼气泡

» 400克 准备完毕的腌渍金枪鱼油
» 400克 准备完毕的腌渍金枪鱼水
» 2.5克 气泡卵磷脂

—

1. 将3种食材在25厘米深的容器中混合，并用手持搅拌器搅拌。

腌渍猫爪草嫩芽

» 4份 腌渍猫爪草嫩芽

—

1. 将猫爪草嫩芽切成2厘米长的段。
2. 冷藏。

—

猫爪草是生长在秘鲁、哥伦比亚、玻利维亚和西班牙阿利坎特的匍匐植物。它在强日照的高树林中生长，并以其药效闻名。

去皮青核桃

» 2颗 完整的青核桃

—

1. 用胡桃夹子将核桃打开。
2. 将半边核桃肉取出，用短利刀将核桃去皮，这样就得到4份半边的核桃仁。
3. 冷藏。

带花迷你黄瓜

» 4根 带花的迷你黄瓜

—

1. 用手将黄瓜皮上的粗粒剥去。
2. 用厨房纸清洁黄瓜，并冷藏。

“气囊”面团

» 250克 通用面粉
» 70克 高筋面包粉
» 190克 冷藏牛奶
» 10克 新鲜酵母
» 5克 盐

—

1. 将（除盐以外）的所有食材倒入食品混合机，并装上搅拌钩。
2. 用中速搅拌9分钟。
3. 加入盐，再搅拌2分钟。
4. 用手揉制面团1分钟。将面团在碗内包好，冷藏。
5. 静置发酵4小时。

—

这是确保成品质量的最小分量。

“气囊”

» 200克 准备完毕的“气囊”面团

—

1. 将擀面机的刻度转至最大，并将面擀开。
2. 将面团静置约1分钟，并用湿布包好。
3. 将面团擀两次，直至擀成0.5厘米厚面皮。
4. 将面皮切成直径1.5厘米的圆形。
5. 在240℃的烤箱中将面皮烤1分钟。面皮翻面，再烤1分钟，直到面皮起，呈金黄色。
6. 从烤箱中将“气囊”取出，放凉，放密封罐中，并置于干燥凉爽处。

澳大利亚坚果果仁浆

» 50克 生澳大利亚坚果果仁
» 10克 葵花籽油
» 盐

—

1. 将澳大利亚坚果果仁和葵花籽油在汁机中混合搅打至顺滑。
2. 将混合物过滤，用盐调味，并灌入压瓶中。

金枪鱼鱼子油醋汁

» 20克 风干金枪鱼鱼子
» 30克 特级初榨橄榄油

—

1. 去除鱼子外层的筋膜。
2. 用食品料理机粉碎鱼子，用间歇运功能将风干鱼子搅打至粉末状。
3. 将风干鱼子粉与特级初榨橄榄油合，并冷藏。

烤榛子薄片

- 30克　去皮榛子

—

1. 将榛子炒香，用细末刨刀尽可能地将榛子刨至丝状。
2. 将刨出的榛子丝平放在密封容器中，榛子丝不要相互叠加，以免改变口感。
3. 将其放在阴凉干燥处。

拌莲芋

- 1份　莲芋茎
- 特级初榨橄榄油
- 25年陈年雪莉酒醋
- 盐

—

1. 用短刮刀将莲芋茎去皮。
2. 将莲芋切成4个边长2厘米的块状，块状的一边稍有棱角。
3. 将莲芋用特级初榨橄榄油、25年陈年雪莉酒醋和盐拌好。

—

莲芋是茎长而粗的多孔蔬菜，口感十分特别。

面包配橄榄油

- 4片　2.5厘米长的乡村面包片，去皮
- 30克　特级初榨橄榄油

—

1. 将面包片泡在橄榄油内。

—

面包片必须在“完成及摆盘”步骤前就泡好。

其他

- 8朵　腌渍雏菊花
- 8股　冰叶日中花嫩芽
- 4股　马齿苋嫩芽
- 4朵　新鲜佛手柑花
- 10克　25年陈年雪莉酒醋
- 莫顿海盐

—

冰叶日中花嫩芽是小型可食用植物，叶片口感丰厚，通常用于制作沙拉，亦称为冰草。
马齿苋是小型绿色植物，叶片厚实、可冷食或煮食。

完成及摆盘

1. 用手持搅拌器在腌渍油浸金枪鱼气泡的混合物表层搅打，直到乳化并形成气泡。
2. 将真空洋蓟纵向对半切开，将它们摆在凹形椭圆餐盘的右边。
3. 将1瓣真空大蒜摆在餐盘左边。将1茶匙自制麦托奶酪摆在餐盘的上半部分。
4. 将“气囊”摆在麦托奶酪的旁边。将带花迷你黄瓜放在大蒜的对面。
5. 将浸泡过橄榄油的面包片放在“气囊”的对面，猫爪草嫩芽和一份量的半边核桃仁紧贴着面包片。
6. 将1块拌莲芋放在餐盘中央。
7. 将1颗反向球化羊奶酸奶和2朵腌渍雏菊摆在餐盘下方，即洋蓟的左边。
8. 用2汤匙腌渍油浸金枪鱼气泡盖住盘子的底部。
9. 将2颗反向球化黑橄榄、2股冰叶日中花嫩芽、1股马齿苋嫩芽和1朵佛手柑花摆在气泡上。
10. 不要碰到任何食材，用榛子丝在餐盘上围出4厘米长、1厘米宽的区域。
11. 将3克澳大利亚坚果果仁浆摆在“气囊”旁边，确保互相不会接触。
12. 将金枪鱼鱼子油油醋汁淋在洋蓟上。
13. 最后在面包、大蒜和莲芋上撒上盐，并在气泡上淋3滴雪莉酒醋。

—

如果缺少任何食材，可以用其他类似的食材代替，只要风味和口感类似即可。该菜肴还会加入塞拉鱼鱼子酱，并使用金枪鱼泡沫和空气泡沫代替金枪鱼气泡。
塞拉鱼是加泰罗尼亚本地产鱼，鱼子很多。

—

餐具：

塔帕斯餐具，1套汤匙和叉，尺寸为14厘米×3厘米。

如何享用：

每部分搭配气泡单独享用，以更好地体会其不同的口感和风味。

岩石滩贻贝配海藻佐新鲜香草

可制作4人份

岩石滩贻贝

32个 每个重约15克的岩石滩贻贝

—

1. 将贻贝在沸水中汆洗几次，少量多次地操作，每次10秒钟。
2. 将贻贝从水中取出，在室温下晾凉。
3. 用短尖刀将联结两瓣外壳的肌肉切开。
4. 将贻贝肉取出，小心不要弄碎。
5. 将贻贝汁先用超厚滤袋过滤，再将贻贝肉浸入贻贝汁，确保汁液没过贻贝肉。冷藏。

增稠贻贝汁

100克 准备完毕的贻贝汁
0.4克 黄原胶

—

1. 将贻贝汁用超厚滤袋过滤，去除所有的杂质。
2. 将贻贝汁和黄原胶在容器中混合。
3. 用手持搅拌器将混合物搅打至顺滑。
4. 冷藏。

米醋汁泡白板昆布切片

2片 白板昆布，大小为6厘米×19厘米
120克 水
80克 米醋
1.5克 盐
4克 糖

—

1. 将水与米醋、盐和糖混合。
2. 将白板昆布放在小锅内，并倒入步骤1中的混合物。
3. 煮沸后离火。
4. 冷藏24小时。
5. 将昆布切成12厘米×2厘米大小的片。

—

白板昆布（shiraita）是昆布中段的日文名称。

海草

» 20克 新鲜海苔
» 20克 海蓬子
» 20克 新鲜裙带菜
» 20克 掌藻
» 20克 红色鸡冠红藻
» 20克 绿色鸡冠红藻
» 8根 紫色多岐盐角草
» 4根 3厘米长的巴氏消毒长茎葡萄蕨藻

—

1. 用流水冲洗清洁所有的海草（除了长茎葡萄蕨藻），以去除多余盐分。
2. 冷藏。
3. 将紫色多岐盐角草用大量流水冲洗，直到其柔顺、湿润。

—

多岐盐角草是在盐碱地中生长的1年生植物。其枝丫呈绿色，口感丰富。长茎葡萄蕨藻以其充满液体的小晶球闻名。其口感丰富，原产于日本。长茎葡萄蕨藻应在“完成及摆盘”步骤前才泡开。

其他

» 4股 新鲜罗勒嫩芽
» 4片 1.5厘米长的新鲜细叶芹
» 4股 薄荷嫩芽
» 4股 龙蒿嫩芽

完成及摆盘

1. 将海草沙拉按如下顺序摆在月亮形餐盘的右边：昆布、绿色鸡冠红藻、掌藻、昆布、海蓬子、海苔、紫色多岐盐角草、裙带菜、红色鸡冠红藻、昆布。
2. 将8颗贻贝在餐盘左边，按照餐盘的形状摆放。
3. 将新鲜香草摆在海草上。
4. 每颗贻贝上都需盛放1勺贻贝汁，再在餐盘中间盛放1勺同样的贻贝汁，大概一半满即可。
5. 最后，在贻贝和海草沙拉的中间摆放1股长茎葡萄蕨藻茎。

—

餐具：

塔帕斯餐具，1套汤匙和叉，尺寸为14厘米×3厘米。

如何享用：

贻贝和不同的海草交替食用。食用贻贝时，每次再蘸少许贻贝汁。

简易高汤焖小蜗牛
配醋蟹肉和苋米佐茴香

可制作4人份

蟹钳肉和蟹腿肉

8份　100克的天鹅绒蟹
水
盐

—

. 在盐水中将蟹煮制55秒。
. 将蟹从水中捞出，并在室温下冷却。
. 从蟹身上取下蟹腿和蟹钳，软骨弃用。
. 将蟹钳的肉整块取出。
. 每人留4块蟹钳肉，并将蟹钳肉冷藏。

醋蟹肉

准备完毕的蟹腿和蟹钳肉
20克　干大蒜
60克　洋葱
50克　成熟番茄
200克　橄榄油
200克　水
30克　25年陈年雪莉酒醋
3克　干百里香
3克　干迷迭香
1片　月桂叶

—

将蟹身切成8块。
将干大蒜瓣剥皮、压碎。
洋葱去皮切成细丝。
将番茄稍稍压碎。
锅中倒入75克橄榄油，将干大蒜碎煎至上色。
将蟹放入锅中翻炒。
加入剩余的油和水，炖煮至酱汁入味。
加醋。使其蒸发几分钟，再用细孔滤网过滤。
再次用细孔滤布过滤，并冷藏。

醋蟹肉气泡浸液

» 200克　准备好的醋蟹肉
» 0.4克　气泡卵磷脂

—

将食材在25厘米深的容器中混合。

蜗牛和蜗牛简易高汤

» 250克　小蜗牛
» 盐
» 1股　新鲜百里香
» 1股　新鲜迷迭香
» 1片　月桂叶
» 1股　新鲜茴香叶

—

1. 在水里将小蜗牛清洗3次，并沥干。
2. 要洗净蜗牛黏滑的部分，再在水中加入盐和水。重复该步骤，直到蜗牛不再黏滑。
3. 将蜗牛放在锅中，倒入温水没过蜗牛。慢慢将水煮沸。
4. 将盐和香草加入水中调味。
5. 盖上锅盖，用中火加热5分钟，其间不断撇沫。将汤汁放至冷却。
6. 将汤汁过滤，再将蜗牛浸入汤汁中。

煮苋米

» 20克　苋米
» 300克　水
» 盐

—

1. 将水煮沸。加入苋米，用盐调味，煮30分钟。
2. 过滤，尽可能沥干水，冷藏。

—

苋米是墨西哥和喜马拉雅地区的常见古代谷物品种。

新鲜茴香籽

» 4小撮　新鲜茴香花

—

1. 用剪刀从茴香花中采集茴香籽。
2. 冷藏。

新鲜香草

» 8股　新鲜罗勒
» 12片　0.5厘米长的新鲜薄荷叶
» 12片　1厘米长的新鲜龙蒿叶
» 8朵　新鲜茴香花
» 12片　1厘米长的意大利芹
» 16朵　新鲜百里香花

—

将香草和花平分成4份。

其他

» 橄榄油
» 新鲜研磨的黑胡椒
» 盐

完成及摆盘

1. 用手持搅拌器在醋蟹肉气泡浸液表层搅打，直到其乳化形成泡沫。
2. 在简易蜗牛高汤中加热蜗牛。
3. 用少量醋蟹肉浸液加热蟹钳肉。
4. 用少量油，煸炒煮熟的苋米和新鲜的茴香籽，并用盐调味。
5. 将4股加热的蟹钳肉摆成一排，放在碗的一边。
6. 将蜗牛铺满碗底。
7. 用新鲜研磨的黑胡椒为蜗牛调味。
8. 将鲜花和香草摆在蜗牛上。
9. 把苋米摆成长橄榄形（6克），和茴香籽一起摆在蟹钳肉旁边，但不要与蜗牛接触。
10. 在蜗牛上倒入1汤匙简易高汤。
11. 每位客人再附3汤匙醋蟹肉气泡，另装碗。

—

餐具：
塔帕斯餐具，1套汤匙和餐叉，尺寸为14厘米×3厘米。

如何享用：
小蜗牛、苋米和蟹肉交替享用。用蟹肉蘸取醋蟹肉气泡食用。

泥土

可制作4人份

夏日松露西班牙饺子

» 1个　重约35克的清理干净的夏日松露
» 20克　准备完毕的夏日松露泥
» 20克　准备完毕的蔬菜纤维素胶溶液
» 盐

—

1. 将松露切成1毫米的薄片。
2. 将松露片放在稍稍淋有蔬菜纤维素胶溶液的保鲜膜上，形成4个直径4厘米的松露圈。松露片应轻轻重叠。
3. 稍稍用蔬菜纤维素胶溶液淋在松露上，并在松露上撒上少量盐。
4. 将5克夏日松露泥放在夏日松露圈中。
5. 将松露圈对折，并冷藏。

—

西班牙饺子是类似三角派或三角酥点的西班牙酥点。

蔬菜纤维素胶溶液

100克　水
3克　蔬菜纤维素胶

—

1. 将食材在室温下用搅拌器打至柔顺、均匀。
2. 过滤混合物，并在冰箱中冷藏24小时。

夏日松露泥

50克　清理干净的夏日松露
15克　脂肪含量为35%的单倍奶油（淡奶油）
14克　白松露油
盐

—

1. 加热奶油，并与松露和白松露油混合用搅拌器搅拌至顺滑。
2. 将混合物过滤，并用盐调味。
3. 冷藏。

维纳斯米汤

» 50克　维纳斯米
» 水

—

1. 按所需水量将维纳斯米煮30分钟。
2. 汁水过滤待用。

—

维纳斯米是产自意大利的一种黑米。

维纳斯米高汤啫喱

» 100克　准备完毕的维纳斯米高汤
» 0.4克　洋菜
» 每片重2克的吉利丁片，取⅓片在冷水中泡开
» 盐

—

1. 将维纳斯米汤用盐调味。
2. 在汤中加入洋菜，煮沸，持续用打蛋器搅拌。
3. 离火，加入过滤后的吉利丁片，并将液体倒入2厘米深的容器中。
4. 冷藏3小时。
5. 待其成形，将啫喱切成边长2厘米的块，每人1块啫喱。

新鲜甘草浸液

» 50克　新鲜甘草枝
» 300克　水
» 1克　抗坏血酸

—

1. 为防止氧化，甘草枝去皮后需放入溶有抗坏血酸的水中。
2. 将甘草枝捏碎，在水中浸泡24小时。
3. 用超厚滤袋过滤甘草浸液。

新鲜甘草浸液啫喱千层面片

» 200克 准备完毕的新鲜甘草浸液
» 2.3克 洋菜
» 1.5片 吉利丁片（每片重约2克），先在冷水中泡开
» 5克 甘草泥

—

1. 将一半的甘草浸液与洋菜混合，煮沸，用打蛋器搅拌。
2. 离火，加入剩余的浸液，并将吉利丁片溶于其中，形成啫喱。
3. 将啫喱倒入20厘米×20厘米的平烤盘中，大约1毫米厚。
4. 5分钟后，再将啫喱倒在烤盘上，再做一层1毫米的厚层。
5. 再重复步骤3及步骤4，2次，直至形成4片1毫米厚的吉利丁层。
6. 将吉利丁层冷藏1分钟，切成边长3厘米的块状。每人应有1片。
7. 在第3层和第4层中应滴入1滴甘草泥。冷藏。

牛肝菌西班牙“肉球”

» 50克 牛肝菌
» 8克 准备完毕的蔬菜纤维素胶溶液

—

1. 清理牛肝菌，将梗切成3毫米长的块状。
2. 将24克牛肝菌梗块与8克蔬菜纤维素胶溶液混合。
3. 制作4颗牛肝菌西班牙“肉球”，每颗8克。
4. 冷藏。

—

*西班牙“肉球”的西班牙文为albóndigas。

花生油棉花糖

» 250克 牛奶
» 5片 准备好的吉利丁片（每片重约2克）
» 40克 初榨花生油

—

1. 将200克牛奶放在冷冻库，将其降温至3℃。
2. 与此同时，将吉利丁片与剩余的50克牛奶在锅中混合。
3. 将吉利丁片在40℃的牛奶中融化，将其倒入食品混合机的搅拌碗中。
4. 开始搅打。30秒后，一次性加入200克冷牛奶。
5. 持续搅拌3分钟，并加入初榨花生油。
6. 再搅打30秒，然后将混合物倒在透明烤盘上，大约2厘米厚。
7. 冷藏2小时。
8. 将做好的棉花糖切成边长2厘米的块状。
9. 将棉花糖放入密封罐中冷藏保存。

花生碎

» 40克 去皮烤花生

—

1. 用细末刨刀刨碎花生。
2. 将花生碎存放在密封罐中。

烤黑芝麻浆

» 50克 黑芝麻
» 5克 葵花籽油
» 盐

—

1. 在炒盘中炒黑芝麻。
2. 将炒香的黑芝麻与葵花籽在榨汁机中混合搅打，直至液体细腻顺滑。
3. 将液体过滤，用盐调味，倒入挤压瓶中。

甜菜根汁

» 300克 甜菜根

—

1. 甜菜根用电动榨汁机榨取汁液。
2. 待用。

甜菜根汁泡沫

» 100克准备完毕的甜菜根汁

—

将甜菜根汁倒入15厘米深的容器中。

冻干白味噌泡沫

- 35克　白味噌
- 125克　水
- 1片　重约2克的吉利丁片，在冷水中泡开
- 1个　0.5升的ISI虹吸瓶
- 1罐　一氧化二氮气弹

—

1. 用水稀释味噌，然后用打蛋器搅打并过滤。
2. 加热⅓量的味噌液，再在味噌液中融化吉利片。
3. 加入剩余的味噌液，过滤，倒入虹吸瓶。
4. 关好虹吸瓶，并充入一氧化二氮。
5. 冷藏3小时。
6. 将冷藏的味噌泡沫分别灌入5个小杯中，每个小杯约60克，冻干处理48小时。
7. 从杯模中将泡沫取出，并将每份竖直切成两半。
8. 直到装盘前，泡沫要始终保持密封。

土豆高汤

- 400克　土豆
- 500克　水
- 盐

—

1. 土豆洗净，带皮切成0.5厘米的片。
2. 将水没过土豆，用中火煮1小时。不断撇沫。
3. 小心过滤，勿使土豆高汤浑浊。
4. 用盐调味，待用。

其他

- 20克　红色卷心菜嫩芽
- 橄榄油
- 盐

完成及摆盘

1. 用手持搅拌器在甜菜根汁表面搅打，直到乳化形成气泡。
2. 将维纳斯米高汤啫喱蒸熟。
3. 将牛肝菌西班牙“肉球”用加入少许盐的水以80℃加热30秒。沥干，并用盐调味。
4. 用少许橄榄油炒红色卷心菜嫩芽，并用盐调味。
5. 将花生油棉花糖裹上花生碎。
6. 将夏日松露西班牙饺子摆在椭圆大餐盘的11点钟方向，维纳斯米高汤啫喱摆在12点钟方向，甘草浸液啫喱千层面片摆在2点钟方向。
7. 将芝麻浆摆在4点钟方向。
8. 将裹好花生碎的棉花糖摆在5点钟方向，7点钟方向摆上甜菜根汁气泡。
9. 将冻干白味噌泡沫摆在8点钟方向。
10. 在餐盘正中央摆1小撮红色卷心菜嫩芽，在卷心菜右边摆上1颗牛肝菌西班牙“肉球”。
11. 将热土豆高汤另盛盘，侍者可在客人面前将汤倒入盘中。

—

餐具：

塔帕斯餐具，包括汤匙和叉，尺寸为14厘米×3厘米。

如何享用：

牛肝菌西班牙“肉球”整颗享用，并与其他配菜交替食用，不要弄混。

鮟鱇鱼鱼肝奶酪锅配柚子醋汁和白芝麻风味金橘

可制作4人份

柚子醋汁

- » 6克 干昆布
- » 150克 水
- » 15克 木鱼花（鲣鱼干）
- » 60克 新鲜青柠檬汁
- » 75克 酱油

—

1. 将水与干昆布煮沸。
2. 离火，浸泡2分钟。
3. 取出昆布，将昆布水煮沸。再加入木鱼花（鲣鱼干）。离火，浸泡5分钟。
4. 用超厚滤袋过滤汤汁，并冷却至室温。
5. 冷却后，加入青柠檬汁和酱油。
6. 冷藏保存

—

鲣鱼干是将鲣鱼腌渍并烟熏后形成的鱼干，其含有曲霉菌。

柚子醋气泡底液

- » 200克 准备好的柚子醋汁
- » 0.4克 气泡卵磷脂

—

将柚子醋汁和气泡卵磷脂在25厘米深的容器中混合。

酱油醋、芝麻油和柚子汁混合液

- » 150克 酱油
- » 100克 芝麻油
- » 15克 米醋
- » 10克 柚子汁

—

1. 将所有食材用打蛋器搅拌均匀。

—

柚子是亚洲柑橘类水果，风味介于蜜柑和柠檬之间。其皮香气馥郁，可入菜。

鮟鱇鱼鱼肝薄片

- 1份　500克的鮟鱇鱼鱼肝
- 冰

—

1. 将鱼肝两端切掉，并去除肝外面的血管。
2. 用大量冰和水浸没鱼肝，并在冰箱中冷藏48小时，使内脏内的血液全部析出。每8小时换一次水和冰。
3. 鱼肝沥水、擦干，切成2毫米的薄片。
4. 将鱼肝分成4份，每份6片。叠放时每片之间稍有重叠。
5. 冷藏。

糖衣金橘

- 150克　水
- 45克　糖
- 4个　重约30克的金橘

—

1. 将水和糖混合后煮沸，转小火，直到糖完全溶解。
2. 清洗金橘，去梗。
3. 待糖水煮沸后，加入金橘，离火。
4. 将金橘泡在糖水中，放入冰箱冷却。

出汁

- 40克　昆布
- 1千克　水
- 50克　木鱼花（鲣鱼干）

—

1. 将昆布切成1厘米的片，并用水煮沸。
2. 离火。静置5分钟，再取出昆布。
3. 将昆布水重新煮沸。在昆布水中加入木鱼花，煮沸后离火。
4. 浸泡5分钟，再用超厚滤袋过滤。
5. 待用。

金橘汁

- 6个　重约30克的金橘

—

1. 清洗金橘，将其平均切成4块，去籽。
2. 用搅拌器搅拌果肉，并冷藏。

糖衣金橘配金橘汁和芝麻

- 4个　准备完毕的糖衣金橘
- 40克　准备完毕的金橘汁
- 10克　芝麻油
- 15克　日式烤白芝麻

—

1. 用刀在金橘顶部切小口。
2. 用镊子将果肉剔出。
3. 用注射器，将金橘汁注入金橘皮中。
4. 在金橘中滴入1滴芝麻油。
5. 最后用日式烤白芝麻封口。

完成及摆盘

1. 用手持搅拌器在柚子醋汁底液表层搅打，直到乳化形成气泡。
2. 在4个碗中放入2汤匙酱油和混合液。
3. 在混合液上淋上2汤匙柚子醋气泡。
4. 将4个灌注好的金橘分别放在4个餐盘上。
5. 将鮟鱇鱼鱼肝薄片放在4块石板上，并搭配镊子。
6. 将出汁加热，倒入壶中。
7. 侍者会呈上酒精灯和热锅，并将热的出汁倒入桌上的锅内。

—

餐具：

银制镊子。

如何享用：

取1片鮟鱇鱼鱼肝，在煮沸的出汁中涮2秒。将鱼肝取出，再蘸混合液和柚子醋气泡。最后再食用整个金橘。

鲭鱼肚浸醋鸡肉汁
配洋葱和香醋“鱼子酱”

可制作4人份

封鲭鱼肚

1条　重约200克的鲭鱼
盐
500克　特级初榨橄榄油

—

用利刀从鲭鱼上取下鱼肚。要小心不要刺穿内脏，不然鱼会有苦味。

用擦手纸将粘在鱼肚上的神经或组织擦干。要确保没有任何碎骨。

在鱼肚上稍稍撒盐。

将鱼肚皮朝下放在不粘盘上。

用特级初榨橄榄油以70℃煨2分钟。

将鱼肚泡在油中，直到最后摆盘。

莉酒醋“鱼子酱”

10克　罗勒籽
120克　水
10克　25年陈年雪莉酒醋

—

将罗勒籽放在水中，浸泡20分钟。

将泡好的50克罗勒籽加入雪莉酒醋中。

均匀混合，并冷藏。

洋葱

1个　重约100克的菲格雷斯洋葱

—

洋葱用铝箔包好，以180℃烤25分钟。

将洋葱去皮，并切成8厘米×1.5厘米的片状。

在室温下保存。

—

菲格雷斯洋葱是加泰罗尼亚的本地洋葱品种。

醋鸡肉原汁和油脂

- 2千克　干净的鸡肉，切成边长3厘米的块状
- 盐
- 100克　洋葱，切丝
- 50克　带皮大蒜，切碎
- 2股　干百里香
- 2股　干迷迭香
- 1片　月桂叶
- 500克　橄榄油
- 50克　25年陈年雪莉酒醋
- 750克　水
- 15克　黑胡椒

—

1. 用盐为鸡肉调味。
2. 在锅内用油将鸡肉煎至上色。
3. 一旦鸡肉上色，在锅中放入洋葱和大蒜，直到它们完全上色。
4. 加入干香草和黑胡椒，再烧制1分钟。
5. 加醋，收汁1分钟，再加水。
6. 煮制20分钟。
7. 将其冷藏24小时。
8. 将醋鸡肉汁加热，并过滤。用力挤压并尽可能地完全滤出醋鸡肉汁。
9. 在完成和摆盘前，待用。
10. 将醋鸡肉汁灌入细长的容器中，直到水油分离。
11. 醋鸡肉原汁和油脂分开保存。

醋鸡肉汁气泡底液

- 200克　准备完毕的醋鸡肉原汁
- 50克　准备完毕的醋鸡肉油脂
- 1克　气泡卵磷脂

—

将所有食材在25厘米深的容器中混合。

其他

- 10克　细香葱碎
- 8片　1厘米长的新鲜细香芹叶
- 8股　龙蒿嫩叶
- 新鲜研磨的黑胡椒

完成及摆盘

1. 将醋鸡肉汁气泡底液以40℃加热。用手持搅拌器在液体表面搅打，直到乳化形成。
2. 在长方形餐盘内盛入1汤匙醋鸡肉汁气泡。
3. 在鲭鱼肚上撒上新鲜研磨的黑胡椒，再将鱼肚皮朝下摆放在气泡上。
4. 在烤洋葱上撒上细香葱碎，再摆上1片细香芹叶和龙蒿嫩叶。
5. 在2片鲭鱼肚薄片之间放入2茶匙醋鸡肉汁气泡，再在气泡上摆2片烤洋葱和香草。
6. 在洋葱上摆2茶匙雪莉酒醋“鱼子酱”。
7. 最后在鲭鱼肚和洋葱上淋上几滴醋鸡肉原汁。

—

餐具：

塔帕斯餐具，包含汤匙和叉，尺寸为14厘米×3厘米。

如何享用：

鲭鱼肚和醋鸡肉气泡搭配食用，紧随其后享用烤洋葱配香草和雪莉酒醋“鱼子酱”。

—

另一种版本，我们用雪莉酒醋、特级初榨橄榄油和盐拌莲芋替代烤洋葱。

海螯虾配藜麦三重奏

可制作4人份

海螯虾虾尾

» 4只　每只重约140克的海螯虾

—

1. 将海螯虾去头待用，用于制作海螯虾虾油。
2. 将海螯虾尾去壳至最后一节。
3. 去除虾肠，将虾尾冷藏保存。

膨化藜麦

» 50克　藜麦
» 250克　橄榄油
» 盐

—

1. 用足量水将藜麦煮25分钟。
2. 将藜麦从水中捞出，并用冷水冲洗，再沥干。
3. 将煮好的藜麦铺在垫有烘焙纸的烤盘上；确保每粒藜麦不重叠。
4. 将藜麦放在温暖的地方静置24小时，直到完全干燥。
5. 待藜麦干燥后，将藜麦在180℃的油中炸至膨起。
6. 用擦手纸将多余的油沥干，并趁热撒盐调味。

海螯虾虾油

准备完毕的海螯虾头
橄榄油

—

1. 在炒盘中用少量橄榄油炒海螯虾头。
2. 将虾头一个一个地压碎，取其汁。
3. 再滴入几滴橄榄油，应避免其乳化。

—

该步骤需在“完成及摆盘”步骤前完成。

蔬菜纤维素胶溶液

» 3克　蔬菜纤维素胶
» 100克　水

—

1. 在室温下将两者用搅拌器搅拌均匀。
2. 过滤，并在冰箱中冷藏24小时。

煮藜麦

» 50克　藜麦
» 200克　水
» 盐

—

1. 在水中稍加盐，将藜麦沸煮14分钟。
2. 将藜麦沥干，并在烤盘上铺平冷却，以阻止余温继续加热。
3. 冷藏。

藜麦裹海螯虾

- 4份　准备完毕的海螯虾虾尾
- 100克　准备完毕的煮藜麦
- 20克　准备完毕的蔬菜纤维素胶溶液

—

1. 将蔬菜纤维素胶溶液和藜麦混合。
2. 将海螯虾裹满薄薄的一层蔬菜纤维素胶溶液和藜麦，仅剩尾节虾壳。
3. 将成品摆在烘焙纸上，并冷藏。

番茄丁

- 1个　重约100克的成熟番茄

—

1. 番茄焯水，再将其泡入冰水中，去皮。
2. 将番茄切成四等份，再去籽。
3. 将番茄切成边长0.5厘米的小块。冷藏。

葱圈

- 2根　每根重约50克的葱
- 冰块

—

1. 将葱撕去外皮，并切成2毫米大小的葱花。
2. 挑选36粒直径1.5厘米的葱花，并用含有冰块的水将其浸泡2小时。
3. 葱花沥水，并在擦手纸上沥干。
4. 冷藏。

青柠檬丁和青柠檬皮碎

- 2个　每个重约150克的青柠檬

—

1. 将青柠檬去头去尾，以露出果肉瓣。
2. 旋转削皮，这样可以在不破坏水果形状的前提下去除皮和茎。
3. 用利刀去除果肉外的薄膜。
4. 将果肉切成12厘米×0.5厘米的条。
5. 将柠檬皮切成边长1毫米的丁。
6. 分别将青柠檬丁和青柠檬皮碎冷藏。

辣椒油

» 1克　　干辣椒
» 50克　葵花籽油

—

1. 将干辣椒切碎，在油中以70℃煨2小时。
2. 过滤，并灌入挤压瓶中。

藜麦嫩芽

» 60克　藜麦嫩芽
» 20克　水
» 盐

—

1. 在称量好的水中将藜麦嫩芽煮5分钟。
2. 用盐调味，并保持恒温。

其他

» 160克　克菲尔发酵乳
» 12片　小芫荽叶
» 特级初榨橄榄油
» 橄榄油
» 盐

—

克菲尔发酵乳是起源于高加索地区的发酵乳制品。

完成及摆盘

1. 将裹好藜麦的海螯虾尾稍稍用盐调味，两面用橄榄油炸透。
2. 在餐盘右边，垂直摆放9粒葱花、9粒番茄丁、3颗青柠檬丁、4片芫荽叶和少量青柠檬皮。最后点上4滴辣椒油、盐和几滴特级初榨橄榄油。
3. 将60克煮好的藜麦嫩芽和30克膨化藜麦在面火炉下加热。
4. 将步骤3的食材平分成4份，摆成花束状放在餐盘内。
5. 将海螯虾虾尾的上半部剪掉，这样会露出虾尾。
6. 将海螯虾尾垂直摆在蔬菜左边，中间留白4厘米，放入1勺海螯虾虾油和橄榄油。
7. 将克菲尔发酵乳单独装盘，这样侍者可在客人面前完成摆盘。

—

餐具：

汤匙、叉和鱼刀。

如何享用：

每种食材单独享用。

唐杜里鸡翅配琉璃苣嫩芽、牡蛎奶油和麦托奶酪奶盖

可制作4人份

唐杜里鸡酱汁

» 500克　切成3厘米长的干净鸡块
» 30克　切丝洋葱
» 2克　唐杜里酱
» 1克　唐杜里粉
» 200克　水
» 橄榄油
» 盐

—

1. 将油倒入锅中，加热，用盐为鸡块调味，放入锅内煎至上色。
2. 在锅中加入洋葱丝，炒至呈焦糖色。
3. 加入唐杜里酱和唐杜里粉。烧制1分钟，再加水。
4. 用中火烧，直到酱汁浓缩，风味浓郁。
5. 用细孔滤网过滤酱汁，适当加盐。

油封鸡翅

» 6只　每只重约100克的散养鸡鸡翅
» 20克　橄榄油

—

1. 将鸡翅去除翅尖，取中段。
2. 用镊子拔去鸡翅上剩下的毛。
3. 将鸡翅和油放入密封袋中密封。
4. 以65℃将鸡翅在罗纳低温慢煮机中煮24小时。
5. 从机器中将鸡翅取出，再将鸡翅两端切口，露出骨头。
6. 用手小心地去骨，保持鸡翅完整，不要将肉弄碎。

发酵牛奶麦托奶酪

» 500克　全脂发酵牛奶

—

1. 将牛奶在小锅内加热至56℃，用塑料铲不断搅拌。
2. 静置5分钟。
3. 用细孔滤网滤出乳清。麦托凝乳会留在滤网内。
4. 冷藏。

在5小时内高度集中做出1500道菜是前所未有的挑战

斗牛犬餐厅的厨房里有其他餐厅罕见的专门设备，但厨房永远是厨房。在营业时间，能够让所有菜都顺利来到客人面前的方式只有认真工作、烹饪技巧、专注力和大家的通力协作。

“如果科技真的这么厉害，那么50个客人还需要我们40位厨师吗？”

餐厅和厨房的同步是一切井然有序的关键

侍者的工作并不仅仅将菜从厨房端给客人这么简单。每位侍者专门服务一桌客人，确保菜不会出得太快或太慢。此外，侍者还会准确介绍每道菜的吃法。有时，画龙点睛的一步也由侍者在客人面前完成。比如，冰冻“桃子”在客人面前切开；侍者也会在菜肴中的气泡上淋几滴精油，以散发最后的风味。

一个故事，两种步调

营业时，厨师们紧锣密鼓的工作节奏仅限于厨房，未经允许他们不得进入餐厅。在用餐区里，餐桌的间距和静谧的氛围让客人能够更好地放松，与朋友欢度时光。安宁的环境对调动所有感官、体验每道菜都是非常重要的。

完美协调的团队

费朗将厨房的节奏比作F1比赛，因为每道菜的出菜犹如赛车进站加油一般准确和高速——斗牛犬餐厅与F1的唯一区别是每几分钟就会“进站加油”一次。

23:15

—

演出到了第三幕，步调放缓

烹饪与艺术

艺术和烹饪间的比较并不新鲜，但过去几年这种比较尤其遭到了议论。整个20世纪，就有人意图把艺术与烹饪结合，但这通常来自艺术界。然而，现在人们讨论的焦点在于费朗·亚德里亚和其他主厨的风格是否成为某种艺术现象。这个概念引起了许多争议和讨论，特别在费朗参加了2007年德国卡塞尔的“卡塞尔文献”当代艺术展后便是达到高潮。

因为费朗的创意才能，加之他创造的菜肴引起了美学情感的回应，“卡塞尔文献”的策展者罗杰·博尔格（Roger Buergel）请求费朗帮助他回答“烹饪是否可能作为艺术”这个问题。博尔格邀请费朗以艺术家身份参展，此举清楚表明了自己的立场。费朗是连接物质与精神世界的艺术家，并不是为展览会服务的厨师。斗牛犬餐厅成为展览的卫星展馆，每天有2人飞到卡拉蒙特基用餐，体验斗牛犬餐厅的食物。

费朗与艺术世界的关系始于20世纪90年代早期与加泰罗尼亚雕塑家哈维尔·梅迪纳·康沛尼（Xavier Medina Campeny）的友谊。当斗牛犬餐厅于冬天闭馆时，费朗就在巴塞罗那的“梅迪纳公司”工作，他首次将自己完全沉浸于最奔放的艺术语言中。这段经历帮助费朗定义了烹饪和艺术的关系。费朗以某道菜、或由多种不同菜肴组成的菜单作为他的艺术语言，引发人们的分析与反思，从而让菜能够“表达”自己。烹饪不仅仅为了满足生理需求，或引起感官愉悦，还能够详细描述重要的美学反馈、让菜肴扎根于故事，以建立演化的过程，最终演绎成智能的理念。英国的流行艺术家理查德·汉密尔顿（Richard Hamilton）写道：“费朗的天才在于他意图以我们吃的食物作为素材开发并完善一种语言。费朗的艺术是语言性的，因为他像运用语言一样利用食材进行建构，并让食材本身脱胎换骨。这样，他的创造才能在其他艺术形式中也能占有一席之地。”

任何试图将烹饪和其他创作原则结合起来的尝试都是很重要的，因为这建立了学习、进步、引起争论并发现极限的基础。撇开争议不提，费朗始终坚持烹饪就是烹饪，烹饪必须建立在某种纪律的约束之下，这种纪律本身就已够丰富与复杂，足够发展出自己的进化道路。

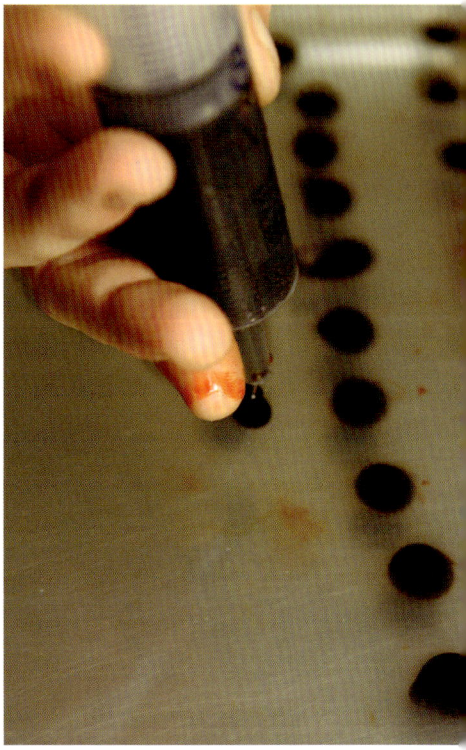

反向球化的技术在于对添加藻胶后的风味浓缩液体的控制。液体在钙液中浸泡后，会形成流心的晶体。晶球的大小根据在钙液中浸泡的时间和使用工具的不同会有所区别（比如不同的注射器和汤匙）。晶球的口感、稠度和大小也各不相同，详见这两页的图片：“饺子”“珍珠”和“弹珠”。

这些注射器架，是为了斗牛犬餐厅的反向球化技术特别设计的，使用它们可以同时制作多颗晶球，也就是说可以一次做好多份。如果没有它们，制作每道相关菜品的时间都会多几分钟。

这是最危险的时刻

经过9小时精神高度集中后，餐厅节奏变慢，这会导致注意力下降。主厨要确保这种情况不会发生。

正如交响乐队的指挥一样，主厨需要眼观六路、耳听八方。出菜单就像是乐谱。主厨需要控制整个过程，并在这个关键时刻做出准确的判断。

Jean Jacques y Montse Lambert
Mesa
Snacks
Pax
6
20:00
1 margarita 2005
2 olivas sféricas
3 marshmallow de parmegiano
4 oreo de oliva negra con crema doble
5 baguette de malta con crocant de especias
6 melón cru con hierbas y almendra tierna
7 palomita de Reypenaer a la nuez moscada
8 caramelo de aceite de calabaza
9 ninfa de algodón
10 caviar sférico de melón
11 mozzarella casera con albahaca
12 huevos de series
13 brioche al vapor
14 deshielo 2005
15 nudos sferificados de yogur con ficoide glaciale, alcapar
16 mejillones de roca con "gargillou" de algas
17 tortilla de gelatina de trufa negra
18 sopa thai con tofu de coco

第四幕开始

尽管临近用餐尾声，厨房气氛仍高度紧张，弗朗仍然能见缝插针地抽出时间试吃主厨们用新的准备方法处理的食物，并做出判断。从19:30起，创意工作需要为营业让步，但这并不意味着创意就停止了。

ferran adrià
by ARMAND BASI

费朗在整个营业期间都会监控出菜单和
[illegible]出菜的节奏。

蜜桃琼浆

可制作4人份

蜜桃琼浆

» 100克　Kuri牌桃子利口酒
» 100克　脂肪含量为35%的单倍奶油（淡奶油）
» 1千克　液氮

—

1. 将5毫升半圆形汤匙冷冻片刻，再在汤匙中倒入蜜桃利口酒，并将汤匙浸入液氮中，但不要让液氮接触液体，这样只有汤匙得以冷冻。
2. 当汤匙边缘开始结冰时（大约8秒后），将整把汤匙浸入液氮。
3. 再冷冻8秒。从液氮中取出汤匙，轻敲汤匙，取出利口酒圆形冰块。
4. 快速将利口酒冰块浸入淡奶油，确保其完整浸入，再将其放回液氮3秒。
5. 把裹上奶油涂层的利口酒圆形冰块从液氮中取出，并在-20℃下冷藏。

—

未经安全操作训练，不得操作液氮。

野生蜜桃汁

» 100克　加尼尔野生蜜桃汁

—

将果汁解冻，然后过滤，并灌入挤压瓶中。

完成及摆盘

1. 上桌前15分钟，将蜜桃酒块从-20℃的冷冻柜移到-8℃的冷冻柜，让内部液体融化。
2. 用量勺盛野生蜜桃汁，并将量勺放在事先经过冷冻过的双孔长方盘的夹缝中。
3. 将蜜桃酒块放入另一处夹缝中，并马上上桌。

—

餐具：

无。

如何享用：

整口食用蜜桃酒块。在嘴里将其轻轻抿开。最后享用野生蜜桃汁。

熔岩甜百香果 / 舒芙蕾
配豆蔻太妃冰泡沫

可制作4人份

百香果汁

15个　每个重100克的甜百香果

—

将甜百香果对半切开，用茶匙将果肉舀出，并用细孔滤网过滤果汁。

用手持搅拌器将果肉和籽以最低挡打碎，在不打碎籽的情况下最大限度地榨取果汁。

用超厚滤袋过滤果汁，并冷藏。

—

甜百香果是百香果的近亲，原产于中南美洲。这是一种圆形橙色水果，表皮有黑点，籽多汁。

蔻太妃冰泡沫

- 2克　豆蔻籽
- 175克　脂肪含量为35%的单倍奶油（淡奶油）
- 150克　糖
- 1个　0.5升的ISI虹吸瓶
- 1罐　一氧化二氮气弹

—

用研磨器磨碎豆蔻籽。

在小锅内放糖，加热至深焦糖色。

奶油加热后，倒入焦糖锅中，不断搅拌直至其顺滑。

加入豆蔻粉，浸泡30分钟，制成太妃糖浆。过滤，将太妃糖浆冷藏12小时。

将太妃糖浆灌入虹吸瓶。

关上虹吸瓶，并灌入氮气。

冷藏。

甜百香果蔬菜纤维素胶“绵绵云”

» 250克　准备好的甜百香果汁
» 3克　蔬菜纤维素胶
» 3片　吉利丁片（每片重约2克），在冷水中泡开

—

1. 用手持搅拌器搅打甜百香果汁和蔬菜纤维素胶，直至顺滑。
2. 把步骤1的半成品放入冷冻库，使温度快速降至3℃。
3. 吉利丁片沥水，放入50克甜百香果汁内加热，使其融解。
4. 一旦甜百香果汁和蔬菜纤维素胶温度降至3℃，将其从冷冻库取出，放置于温暖处使其温度回升至14℃。
5. 将混合物倒入食品混合机，用中速搅拌。
6. 待泡沫形成后，加入甜百香果和吉利丁片（事先将其加热至39℃）。
7. 搅打大约7分钟，直到泡沫质地类似打发蛋白。

太妃和熔岩甜百香果舒芙蕾

» 准备完毕的甜百香果蔬菜纤维素胶“绵绵云”
» 准备完毕的豆蔻太妃冰泡沫
» 围边大小为4厘米×4.5厘米、深度为6厘米的圆环形模具，并在模具内垫上烘焙纸

—

1. 将甜百香果蔬菜纤维素胶“绵绵云”装入配有8号圆口裱花嘴的裱花袋。
2. 将模具放在垫有烘焙纸的平烤盘上。
3. 将蔬菜纤维素胶“绵绵云”裱入模具内，大约1厘米厚。继续沿着模具壁裱入“绵绵云”直到中心留有直径1.5厘米的空隙。
4. 冷冻5分钟直至成形，再往空隙内灌入豆蔻太妃冰泡沫。
5. 最后裱入1厘米的蔬菜纤维素胶“绵绵云”封口。
6. 冷冻5分钟。

豆蔻粉

» 20克　豆蔻荚

—

1. 将豆蔻荚剥开，取出豆蔻籽。
2. 用研磨器打碎豆蔻籽。

其他

» 2个　每个重50克的百香果

—

将百香果对半切开。

完成及摆盘

1. 用塑料铲将舒芙蕾放进直径21厘米的餐盘内。
2. 在不破坏舒芙蕾的情况下，小心地脱模。
3. 在面火炉下加热舒芙蕾，直到内层融化成液体，外层升温。
4. 在舒芙蕾表面撒上豆蔻粉。
5. 将半个甜百香果单独装盘，这样侍者便能在客人面前将果汁和籽淋在舒芙蕾周围。

—

也可以将舒芙蕾用微波炉高火加热5秒钟。

—

餐具：

小吃餐具，1套14厘米×3厘米的汤匙和叉。

如何享用：

敲破舒芙蕾，并与甜百香果籽交替食用。

冻干巧克力气泡配树莓雪芭和桉树刨冰

可制作4人份

巧克力榛果果仁浆气泡底液

» 400克 巧克力
» 50克 皮埃蒙特榛果果仁浆
» 5克 气泡卵磷脂
» 1千克 水

—

1. 将巧克力打碎，倒入碗内。
2. 在碗内加入果仁浆和气泡卵磷脂。
3. 将水加热至90℃，再在水中加入巧克力、果仁浆和气泡卵磷脂的混合物。
4. 静置1分钟，用手持搅拌器搅拌。
5. 将温度保持在50℃。

巧克力榛果果仁浆冻干气泡

» 准备完毕的冷冻巧克力榛果气泡

—

1. 将气泡在冻干机内冻干48小时。
2. 待冻干过程完成，立即将其放入密封罐中，并置于干燥凉爽处。

克力榛果冷冻气泡

准备完毕的巧克力榛果果仁浆气泡底液

—

用手持搅拌器在底液表面搅打，直到乳化形成，气泡出现在液体表面。

用2个大小为10厘米×20厘米×5厘米的容器装气泡，并马上冷冻。

将容器盖上密封盖，冷冻2小时，防止冷冻气泡吸收其他的气味。

100%糖浆

» 50克 水
» 50克 糖

—

1. 在小锅内将水和糖混合，煮沸。
2. 冷藏。

树莓雪芭

» 200克 树莓
» 25克 葡萄糖
» 50克 准备完毕的100%糖浆
» 1克 雪芭稳定剂粉

—

1. 将葡萄糖和100%糖浆在小锅内混合，用中火加热。
2. 当温度达到40℃后，在锅中加入稳定剂粉，并将温度提升至85℃。
3. 用搅拌器将树莓打碎。
4. 当含有稳定剂的底液温度升高后，加入树莓泥，并过滤。
5. 混合，并冷藏静置8小时。
6. 将其倒入帕可婕冰糕机的容器中，在-20℃下冷藏。

桉树叶浸液

» 25克　嫩桉树叶
» 500克　水
» 65克　糖

—

1. 将水和糖在小锅内混合，煮沸。
2. 将桉树叶切碎，放入锅中。
3. 盖上锅盖，使其浸泡5分钟。
4. 过滤。

裹巧克力天使酥

» 150克　巧克力
» 50克　可可脂
» 4份　准备完毕的天使酥酥皮束

—

1. 用中火力在微波炉内融化巧克力。
2. 加入可可脂，使其缓慢融入巧克力。巧克力和可可脂的温度应该保持在35℃。
3. 等到可可脂完全融入巧克力，巧克力质地变顺滑后，将其灌入巧克力喷枪。
4. 把巧克力喷在天使酥上，冷藏20秒。
5. 将步骤4重复2次。
6. 完成后，将其存放在密封罐中，置于干燥凉爽处。

桉树叶浸液冰

» 准备完毕的300克桉树叶浸液
» ½片　吉利丁（每片重约2克），用冷水泡开

—

1. 用¼的桉树叶浸液溶解吉利丁片。
2. 加入剩余的浸液，在1厘米深的浅口容器内使其冷冻。
3. 在-10℃下冷冻。

裹巧克力树莓

» 150克　巧克力
» 50克　可可脂
» 4颗　每个重2.5克的树莓

—

1. 用微波炉融化巧克力。
2. 加入可可脂。巧克力和可可脂的温度应该保持在35℃。
3. 等到可可脂完全融化，巧克力完全顺滑后，将其灌入巧克力喷枪。
4. 把4颗树莓放在烤盘上，冷藏3分钟。
5. 在树莓上喷上巧克力，直到其全部被包覆。
6. 将裹巧克力树莓放入密封罐中冷藏。

天使酥酥皮束

» 15克　天使酥酥皮

—

1. 从天使酥酥皮中取材，做成4份，每份重约1克的酥皮束。
2. 以210℃将酥皮烤制5分钟。
3. 将酥皮存放在密封罐中，并置于干燥凉爽处。

—

天使酥是诸多细丝组成的长形甜点。

其他

» 20克　冻干树莓脆片

完成及摆盘

1. 用帕可婕冰糕机制作树莓雪芭，并将其存放在冷冻库中。
2. 用铁铲刮桉树叶浸液冰，做成刨冰，并在冷冻库内保存。
3. 在椭圆形餐盘中间摆上巧克力榛果果仁浆冻干气泡。
4. 将7.5克树莓雪芭与1克冻干树莓脆片混合。
5. 把步骤4的混合物摆在餐盘中间。
6. 把餐盘想象成一面钟，将裹巧克力天使酥摆在11:00方向。
7. 将20克桉树叶刨冰摆在10：00—5：00方向。
8. 在桉树叶刨冰旁撒上1克冻干树莓脆片，为巧克力榛果果仁浆冻干气泡围边。
9. 在没有刨冰的部分撒上5.5克巧克力榛果果仁浆冻干气泡。
10. 将裹巧克力树莓摆在裹巧克力天使酥对面，也就是冻干气泡和桉树叶浸液刨冰的交接处。

—

餐具：

塔帕斯餐具，1套14厘米×3厘米的汤匙和叉。

如何享用：

各部分单独交替享用。

厨师们在为“树莓雪芭配柠檬马鞭草、零
香豆太妃和树莓脆片”摆盘。在餐盘中刷了
道巧克力液后，厨师们在餐盘中加入了少量
陵香豆泡沫，并在顿加香豆泡沫上摆上少许
莓饼干碎和少量冻干树莓脆。最后会摆上含
树莓雪芭和柠檬马鞭草的巧克力外壳，使其
靠零陵香豆泡沫。

我们用与众不同的方式处理水果——糖
果、糖衣水果、新鲜水果、冻干水果、真空水
—这些均在先锋甜点“自然”中得以呈现。

DOLCE

GABBANA

甜味世界的主厨们开始为“杏片配牛奶巧克力冰激凌和百香果”摆盘……

同时，厨师们也在为“开心果脆片花与西柚、柚子和绿茶”摆盘。

Mateu
El Bulli

第四幕开始

斗牛犬餐厅的意图在于洞悉客人的需求和敏感的偏好，并且秉持着侍者和客人之间应建立紧密联系的理念。这是侍者在夜以继日的操练中培养的技巧：侍者们尽可能地将注意力集中在客人身上，并专业地引领客人享受这番美食体验。

巧克力裹冻干水果

可制作10人份

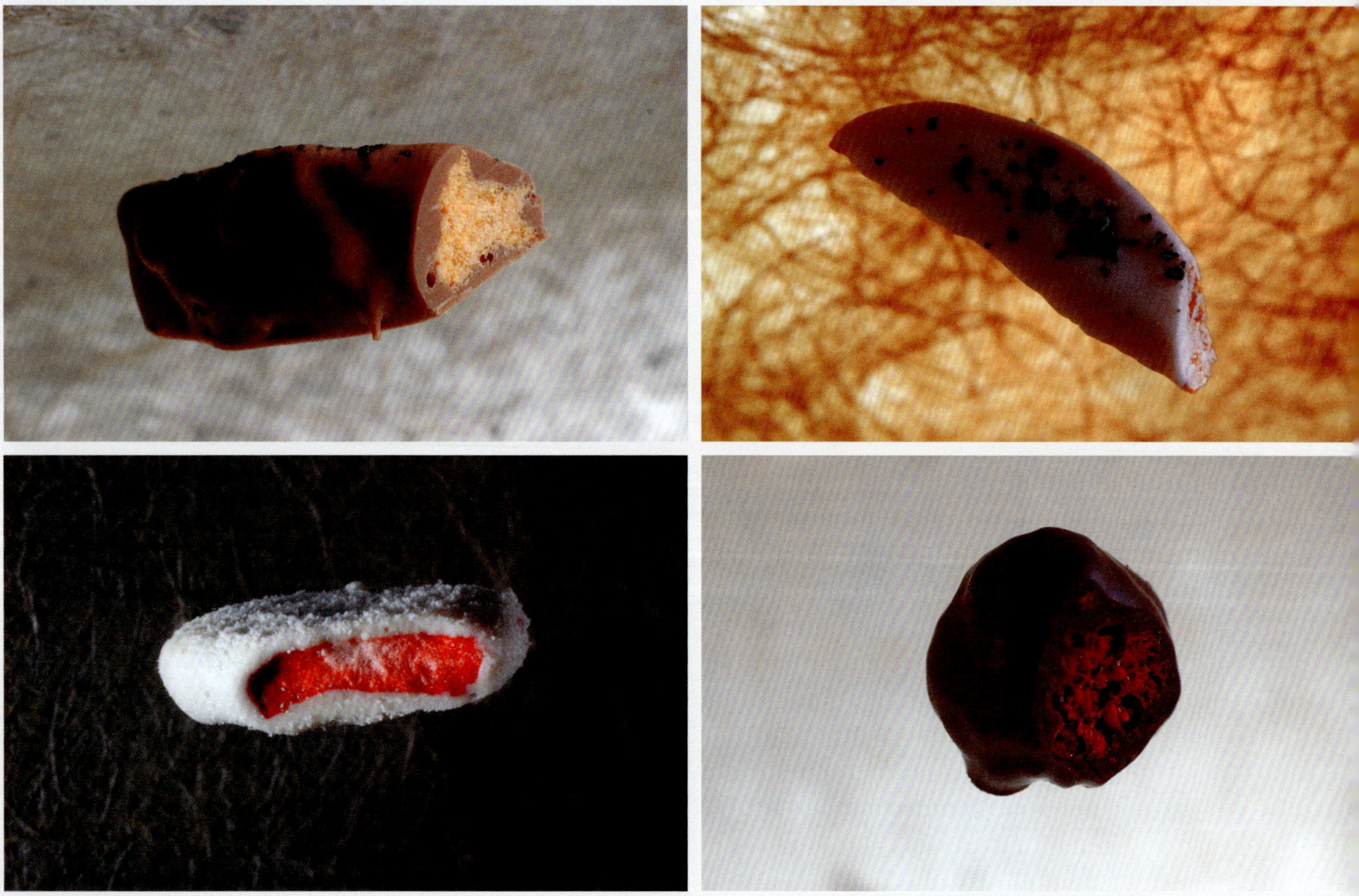

巧克力裹冻干树莓

» 10颗　冻干树莓
» 250克　调温巧克力

—

1. 用长叉把每颗树莓蘸上调温巧克力。
2. 将蘸有巧克力的树莓摆在垫有烘焙纸的烤盘上。
3. 静置约30分钟使其表面晾干，再重复该步骤。
4. 待其干燥后，将其存放在密封罐内。

白巧克力裹冻干草莓薄片

— 酸奶糖

» 60克　普拉尔酸奶粉
» 35克　葡萄糖
» 5克　柠檬酸粉

—

将所有食材在碗内混合，放入密封罐，并置于干燥凉爽处。

— 酸奶糖调味白巧克力裹冻干草莓薄片

» 10片　冻干草莓薄片
» 准备完毕的酸奶糖
» 250克　调温白巧克力
» 玫瑰精油

—

1. 将50克酸奶糖放入容器。
2. 在调温巧克力中滴入1滴玫瑰精油。
3. 用长叉一片一片地将草莓薄片蘸上白巧克力，再将其架在酸奶糖上。
4. 在巧克力结晶前，在草莓片上撒上剩余的酸奶糖。
5. 在阴凉干燥处静置3小时。
6. 将其存放在密封罐中，并置于干燥凉爽处。

白巧克力和薄荷裹冻干杏块

— 冻干杏块

» 2个　每个重75克的杏

—

1. 将杏去皮，对半切开。
2. 每半边杏再切成3块。
3. 将杏块放在垫有烘焙纸的烤盘上。
4. 再将其放入冻干机，冻干处理48小时。
5. 一旦冻干过程完毕，将杏块存放在密封罐中，并置于干燥凉爽处。

— 脱水薄荷粉

» 10片　新鲜薄荷叶

—

1. 将薄荷叶放入脱水机，以60℃脱水2小时，直到其完全变脆。
2. 将薄荷叶放入袋内，轻轻用手将薄荷叶捻成细粉。
3. 将薄荷粉存放在密封罐中，并置于干燥凉爽处。

— 白巧克力裹冻干杏块

» 10块　冻干杏块
» 400克　调温白巧克力
» 准备完毕的脱水薄荷粉

—

1. 用长叉将每块杏块蘸上白巧克力。
2. 将杏块逐一摆在烘焙纸上。
3. 在巧克力结晶前，在巧克力上撒上薄荷粉。
4. 在阴凉处风干3小时。
5. 将巧克力存放在密封罐内。

牛奶巧克力和柠檬马鞭草裹冻干油桃块

— 冻干油桃块

» 2个　每个重180克的油桃

—

1. 将油桃去皮，对半切开。
2. 每半边再切成4份。
3. 将油桃块放在垫有烘焙纸的烤盘上。
4. 将其放入冻干机冻干处理48小时。
5. 一旦冻干过程完毕，将油桃块存放在密封罐中，并置于干燥凉爽处。

— 脱水柠檬马鞭草粉

» 10片　柠檬马鞭草叶

—

1. 将柠檬马鞭草叶放入脱水机中，以60℃脱水2小时，直到其完全变脆。
2. 将柠檬马鞭草叶放入袋内，轻轻用手将薄荷叶捻成细粉。
3. 将柠檬马鞭草粉存放在密封罐中，并置于干燥凉爽处。

— 牛奶巧克力裹冻干油桃块

» 10块　冻干油桃块
» 400克　调温牛奶巧克力
» 准备完毕的脱水柠檬马鞭草粉

—

1. 用长叉将每块油桃块蘸上牛奶巧克力。
2. 将油桃块逐一摆在烘焙纸上。
3. 在巧克力结晶前，在巧克力上撒上柠檬马鞭草粉。
4. 在阴凉处将巧克力风干3小时。
5. 将巧克力存放在密封罐内。

完成及摆盘

—
餐具：

无。

—

白巧克力和薄荷裹冻干杏块，于6~8月供应。

牛奶巧克力和柠檬马鞭草裹冻干油桃块，于6~9月供应。

百香果树

可制作10人份

冻干百香果粉

» 25克　冻干百香果脆片

—

1. 将百香果脆片磨成细粉。
2. 将百香果粉存放在密封罐中，并置于干燥凉爽处。

其他

» 50克　糖

树

» 1千克　德梅拉拉糖
» 3根　没有叶子、形态优美的长树枝
» 3个　花盆

—

在花盆中放入德梅拉拉糖，并将树枝插入糖内，使其看起来宛如没有叶子的小树。

完成及摆盘

1. 在棉花糖机器内放入8克糖，小心引“线”，拉出糖丝。
2. 在棉花糖上撒上冻干百香果粉。
3. 将棉花糖塑形成直径6厘米的球状。
4. 将所有的棉花糖球放在3根树枝上，注意不要压坏棉花糖。

—

这款变体甜点只能在环境湿度低于65%的情况下供应。

—

餐具：

无。

如何享用：

用手指提起棉花糖，不要压坏它；分几口食用。

菠萝佐茴香叶

可制作10人份

菠萝棒

» 1个　重约650克的菠萝

—

1. 将菠萝去除两头，再去皮。
2. 将菠萝切成40根5厘米×1.2厘米×1.2厘米菠萝棒。
3. 冷藏。

菠萝浸茴香和八角

» 40根　准备完毕的菠萝棒
» 1把　新鲜茴香叶
» 5克　八角

—

1. 用冷水彻底清洗茴香叶。
2. 将茴香叶和八角放入容器中。
3. 将菠萝棒置于茴香叶和八角上，菠萝之间要留有空隙，才能让香味彻底渗入菠萝。最后在菠萝上再铺一层茴香叶和八角。
4. 用密封盖将容器盖好，冷藏7小时。

完成及摆盘

1. 上桌前，打开容器，将菠萝棒集中在一边。
2. 从容器中取出茴香叶股，装在10个黑碗中。
3. 每个碗中放置4根菠萝棒，让菠萝依偎在“茴香窝”中，但互不接触。
4. 最后在茴香叶和菠萝之间摆上3个八角。
5. 上桌时，搭配放在石板上的银制镊子。

—

这道菜肴还有另一个版本，使用桃子，而不是菠萝，并用新鲜薰衣草代替新鲜茴香叶。

—

餐具：

银制镊子。

酸奶树莓麻糬

可制作10人份

糬面团

于与食谱创始人坂井先生的保密条，恕斗牛犬餐厅无法提供该麻糬面团食谱。

麻糬片

准备完毕的麻糬面团

100克　土豆淀粉

—

1. 擀面前1小时，将麻糬面团置于室温。
2. 将麻糬面团放在两张烘焙纸中间，擀至0.2厘米厚。在擀之前，撒上土豆淀粉，以防麻糬粘纸。
3. 冷冻30分钟。
4. 将其切成10个直径11厘米的圆片。
5. 将麻糬片存放在密封罐内，每一层之间铺烘焙纸，以防互相粘连。

—

麻糬面团很有弹性，擀制时须格外小心。

—

麻糬是日本糯米点心，通常带有某种馅料。

冷酸奶慕斯

» 140克　天然原味酸奶
» 140克　希腊式酸奶
» 120克　脂肪含量为35%的单倍奶油（淡奶油）
» 60克　糖
» 0.5克　柠檬酸
» 1¾片　吉利丁片（每片重约2克），先在冷水中泡开

—

1. 将¼量的原味酸奶、½量的糖和柠檬酸在锅内缓慢加热。
2. 将吉利丁片融于步骤1中的混合物中，再缓慢加入剩余的酸奶。
3. 搅拌希腊式酸奶，并静置冷藏。
4. 与此同时，将奶油和剩余的糖稍稍打发。
5. 当酸奶布丁稍稍成形，拌入半打发的奶油。
6. 搅拌均匀后，将其倒入密封容器内。
7. 冷藏3小时。

抹茶糖浆

» 25克　以糖、水比例1:1制成的100%糖浆
» 5克　抹茶粉

—

1. 将食材混合并冷藏。

—

抹茶指日本的绿茶粉。

其他

» 10颗　树莓
» 10朵　迷迭香花

完成及摆盘

1. 在桌上摆麻糬片。
2. 当麻糬片降至室温时，将麻糬放在碗内，使其外形更为美观。
3. 用裱花袋，在麻糬片中裱入15克酸奶慕斯。
4. 在麻糬片中间放入1颗新鲜树莓，再另外裱入15克冷酸奶慕斯。
5. 将麻糬片的接缝处小心封住。
6. 接缝处封好后，要小心，注意不要拉扯面团。
7. 将麻糬片翻面，刷去多余的土豆淀粉。
8. 将其摆在正方形纸片上。
9. 小刷子蘸几滴抹茶糖浆，刷在麻糬片表面，并摆上新鲜迷迭香花作为装饰。

—

餐具：

无。

如何享用：

就着正方形纸片，把麻糬一口吃掉。

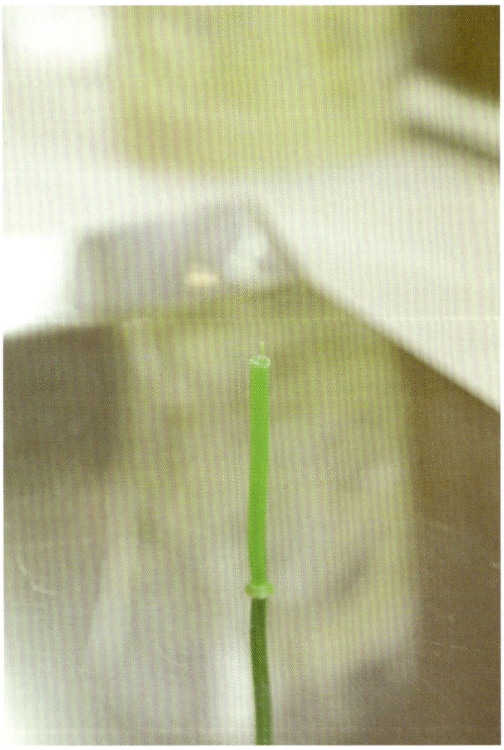

生日快乐！

斗牛犬餐厅每年会为超过200位客人庆祝生日，但没有人会想在吃了30道菜之后再吞下一块蛋糕。

00:15

有时，我们会送上一张巨型贺卡，贺卡打开后会变成蛋糕的形状——当然，怎么能忘了蜡烛呢。

不过，没有蛋糕的生日不算是真正的生日，所以侍者稍后会端上真正的蛋糕——小巧轻盈的蜡烛形蛋糕。

厨师们正准备端上“桃子、肉桂、青柠檬和真空冻干水果”一菜。

百香果、巧克力和榛子脆片。

“瓦片”准备出场：巧克力片——以桉树或芫荽调味；用甜华夫三明治搭配舀在汤匙内橄榄型雪芭食用。

冻干卡布奇诺配柠檬雪芭、真空冻干桃块和蜜橘柏拉乔蛋糕。

创造方法 III

从五感出发

进食的过程会调动人的所有感官。每种感官都可单独作为一种创造方法，但在很多情况下，不同感官间的互动才会产生最有趣的结果。这不仅仅是在一道菜中，不同感官间的联系更能出现在整个用餐过程的一系列菜肴中。

视觉

视觉通常是传递菜肴信息的第一感觉，它帮助食客认出菜肴中的食材，建立先入为主的观念，想象这道菜可能尝到的味道。食客可能还会认出菜肴所代表的概念（比如舒芙蕾），或通过颜色、形状、构成或菜肴的摆盘认出这是某间餐厅或某位大厨的招牌风格。当然，厨师们总是尽可能想把菜做得漂亮，虽然每种食材应该以其风味证明自身的存在，但视觉可以表达的远不止美学享受。在斗牛犬餐厅，视觉是厨师幽默或解构的方法以及与客人进行交流的方式之一。菜肴可以看起来是一道菜，但吃起来是另一种风味，抑或者令人赏心悦目，但与食客以前吃过的东西没有任何相似之处。这些方法都可以在客人品尝第一口后就将注意力转移到其他感官上。

听觉

尽管听觉在进食中是最不重要的感官，它仍能收到十分有趣的效果。通过品尝某样食物产生的声音，比如咬苹果或吃焦糖脆片，确实会影响食客的认知和期待。食物香脆的声音十分重要，因此食品生产商们对其进行了彻底的研究。比如薯片，是刻意做得在食用时发出那么大的声音，这样在吃薯片的时候嘴会微微张开，从而放大了第一口咬下去香脆的声音。其他间接的听觉刺激，比如声音水平或客人间的对话、侍者或其他客人视野外的活动，都会影响用餐的感官享受。

触觉

触觉可分为两个部分：温度和口感。温度是食客瞬时的触觉体验。除了基本常识，比如食物的温度不能超过口腔能够承受的极限温度（—20℃~65℃），温度的微妙的变化非常引人入胜。此外，对比的效果也很有效强烈，比如在“青豆汤60℃/4℃”这道菜中，食客从外表上是无法辨别汤的温度的不同，这也强调了青豆不同层次的风味。

口感可以转变成多种不同的感觉。某些食材，比如蛙腿、意面和猪蹄，它们因引起独特的口感而备受追捧；而其他食材则可以转变成不同的形态，以体现千变万化的口感。泥状或液体可以变成慕斯、泡沫、冰霜、雪芭或啫喱；通过改变食材的天然质感可以根本改变食客对该食材的观感。“质感蔬菜总汇”（Textured vegetable panache）是斗牛犬餐厅的里程碑式的招牌菜之一，它可能也是对食材的最完美表达，以液体为出发点，充分利用了食材不同口感间的联系，阐述了创意的终极含义，让斗牛犬餐厅举世闻名。这道菜是作为对米歇尔·布拉斯的招牌菜——“嫩荚花园总汇”（Gargouillou de jeunes légumes）的回应，后者使用了30种生长状态最完美的蔬菜，全部都烹调、调味及摆盘至恰到好处。在品尝了布拉斯的菜之后，费朗大受鼓舞，他意图创造出属于自己的终极蔬菜菜肴，而“质感蔬菜总汇”就汇集了1994年鲜味料理中开发出来的所有新技术。在斗牛犬餐厅的这道菜中，包含了杏仁雪芭、花菜慕斯、番茄泥、甜菜根泡沫、生牛油果、罗勒冻及甜玉米慕斯。

温度和口感也可以相互混合，在许多情况下，手能与嘴交互体验。“乳香树脂+60/茶匙—20”便是以冰冻茶匙来食用热乳香树脂慕斯的一道菜，而“压榨绿橄榄配茴香”则包括了一碗新鲜茴香叶，供食客将手埋入茴香中食用。

嗅觉

在进食中，嗅觉起到了三个作用：它启动胃液分泌，引导食客欣赏食材、菜肴或烹饪过程中的独特气味，并帮助厨师判断食材的质量。嗅觉是风味的重要组成，但人们通常低估了其地位——很少看到客人们像回味一杯葡萄酒一般去吸入菜肴的香气。事实上，嗅觉的潜能无穷，在为菜肴增加刺激或成分时，可以人为地省略或添加某种食材。许多冷食甜点没有特定的香味，因此在1997年，“巧克力海绵蛋糕配薄荷冰激凌和橙花风味利口酒”就诞生了。我们为菜肴套上玻璃罩，玻璃罩在上菜之前会先加热，并喷上一层橙花水，这样当侍者取下玻璃罩时，橙花的味道会散发出来，从而增强客人享用甜点的体验。另外一个该技术的例子是，北海螯虾搭配一株迷迭香一起呈现在客人面前，这样客人在享用菜肴时可以边闻边吃。通过这种方式引入迷迭香，而不是将其放在酱汁中让味道喧宾夺主，不仅强调了嗅觉和味觉之间紧密复杂的互相关系，更能让食客自己引发对菜肴的思考。

味觉

味觉是进食过程的核心。人的味蕾可以分辨基本的味觉：甜、咸、苦、酸。“口味”是通过食物展现出的感觉区间，包括气味、口感以及相对较弱的声音。味觉可以辨识出菜肴中的基本味道，但对于食材之间组合令人愉悦与否取决于食客的想法。“青杏仁之基本口味”这道菜便是对这两个阶段的诠释，其中，我们展示了杏仁的甜、酸、苦、咸等不同的口味。

第六感

五种物理观感享受在许多餐厅中也能体验得到。但还有一种感觉与情绪有关，这是来自温暖、友好的环境以及上乘的服务。此外，作为客人，受菜肴激发从而产生的深层回应或分析也可以带来心智上的满足。比如，如果某道菜激发了客人的童年回忆，搅乱了先入为主的期待，会让客人放声大笑，或使客人联想到其他菜系抑或者把客人邀入一场游戏之中。客人认识并沉浸在这些感觉的愉悦之中，在斗牛犬餐厅，我们称之为“第六感”：心智所体验的愉悦。第六感通常需要借由客人自身的知识和体验，它们会与面前的菜肴之间形成冲突或对立。该创造方法致力于调动客人所有的感官来体验食物，不仅是生理上，更是心理上。客人可以在许多餐厅吃得好，但需要调动第六感来品尝食物的餐厅则很少。

创造会引发客人第六感的菜肴通常会使用到其他创造方法，并借以另外五种感觉来建立厨师与客人之间的对话。创造时会用到不同的技术，比如讽刺法、调动儿时记忆、对食材的把玩、激进法或从客人平常的生活中删除某些菜肴。“奶油羊肚菌移液器”就是对经典的法式料理——“奶油羊肚菌”——心照不宣的回应。在斗牛犬餐厅创造的这道菜中，羊肚菌摆在了为其量身定做的设备——竹签移液器中，而酱汁可以直接从移液器进入客人的口腔。我们改变了经典奶油蘑菇酱的形态，因此食客在一开始看到这道菜时根本不会注意到。只有通过风味才能想起我们引用的菜肴。打破传统菜系的壁垒是“第六感”的重要方面，但要注意不要越过“把玩”和“玩过火”之间的界限，并要同时保持原则，即不管在传统方法中，还是在“第六感”中，菜肴都需要为客人带来愉悦。在“辛辣菜”中，包括了青苹果啫喱，在啫喱旁边，摆放了12撮不同的香料，让客人自行辨别。侍者给出指导后，会为客人递上印有随机排出的香料表，对于美食爱好者来说，这道菜变成了一场游戏，但这不仅仅是辨识游戏：客人得以探索不同香料与啫喱之间、不同香料之间、不同香料与客人的期待之间的别样感觉。

鲜与甜的共生

在传统上，餐厅和烹饪书籍总是会将头盘和主菜（鲜味）与甜点和酥点（甜味）区分开来。在斗牛犬餐厅，我们称之为“鲜味世界”与“甜味世界”，而这两者的共生很大程度上来源于费朗和阿尔韦特之间紧密的工作关系。阿尔韦特受到大厨雅克·马克西姆、雅克·托雷斯（Jacques Torres）和其他大厨在主厨和甜点厨师间身份自由转变的启发。制作西点需要准确、严谨和技巧，将这些纪律运用在鲜味世界可以为后者打开新的可能。甜味世界的厨师也可以从厨房的即时服务中受益：传统上，甜点师傅勤勉的工作都会事先完成，这可能与客人的进食过程有所脱节；但在斗牛犬餐厅，厨师们在最后时刻画龙点睛的技术也能向客人传递甜点厨师的技巧。

鲜与甜的共生在20世纪90年代中期对餐厅而言尤为重要，菜肴体现了两者之间技术和概念、菜肴和食材的互换。为某样食材创造新的口感并运用不同的处理方法——比如利用新鲜水果做出雪芭或慕斯——对甜味世界来说一直都很重要，但在鲜味世界中并非如此。在斗牛犬餐厅，此类技术也会运用在鲜味世界中，而厨师们开辟了新天地，因此斗牛犬餐厅开创的鲜味冰激凌面世了。焦糖和香脆薄饼在1995年也出现在鲜味菜肴中，比如“咖喱鸡两吃”就深受甜点摆盘的启发。很多鲜味世界的概念，比如千层面、炖煮、沙拉和汤，也开始出现在甜味世界中，并因此改良了某些鲜味菜肴，比如“质感蔬菜总汇”就包含了烟熏伊迪阿扎巴尔奶酪。但对客人来说，最能体现鲜与甜和谐共生的菜肴当属“饼干浓酱”（Biscuit Glace）。本菜不含任何糖，且作为菜肴呈现，但由于使用了榛子和香草荚，让这道菜尝起来似乎是甜的，这让客人们情不自禁地想要食用甜食。本菜充分体现了传统甜味和鲜味世界所包括的菜肴并不绝对，有时菜就是菜，而不是人们想要其变成的状态。

最终，在1996年，先锋甜点的创造搭建了鲜味世界与甜味世界的桥梁，并模糊了两者之间的界限。早期的先锋甜点是“苹果塔丁挞配鸭肝”，它将鲜味食材搭配经典甜点。等到先锋甜点发展完全，此类菜肴又让客人在鲜与甜的转变中进行一番探索。

高端饮食中的商业食品

在高端菜肴中使用商业食品和准备方法通常与第六感相关。菜单上出现众所周知的产品（或模仿此类产品的菜肴）可以勾起客人的儿时记忆，或作为视觉的玩笑。厨师通过此类食物使食客穿越到20岁，或与高端饮食没有任何关系的情形下，为食客带来全新和惊喜的体验。这个方法的潜能是如此之大，以至于其本身就可作为创造方法。运用商业食品的基本方法有二：一是直接使用商业产品作为烹饪中的某种食材（在斗牛犬餐厅，我们用过Actimel牌益生菌酸奶、奥利奥饼干、渔夫之宝润喉糖和炸猪皮）；二是做出商业产品的新版本和形态，比如冰激凌三明治、棉花糖、棉花软糖、棒棒糖和Soleros冰激凌。

出品菜肴的新方式

在现代烹饪中，使用传统上不会用于盛放食物的容器和器皿为创意提供了大量思路，并且这打破了传统菜系摆盘的壁垒。在“新菜烹调法”诞生之前，高级餐厅中除了用骨瓷餐盘或碗装菜，鲜会使用其他器皿。但在斗牛犬餐厅，我们采用了许多狂野的新兴容器，包括塑料或纸质的汤匙（这些材料在以前，有点理性的人都不会认为它们适用于高级餐厅）、移液器、小量勺、移液管（宽吸管内装有软性凝胶，客人可以吸食）、冰冻铁板和石块。自2001年起，许多特定菜肴的新式器皿和餐具就专门由合作工业设计师卢基·乌贝尔设计制作。这个方法还为侍者提供了呈现菜肴的创新方式。侍者可能在餐桌旁完成某道菜，或向客人提供建议该如何享用。这些指导致力于帮助客人完全享受食物，特别是那些前所未有的菜肴。当然，如果客人想要选择用不同的方式品尝也毫无问题，正如有些人在读小说时会颠倒章节的顺序、欣赏油画时会倒过来一样，但如果这样，客人们将无法体会到菜肴创作者最先的意图。我们提供的指导并不是限制客人的自由，而是帮助他们，从这道菜中最大限度地体会到愉悦。

侍者在餐桌旁完成菜肴的做法并不新鲜。在传统上，许多经典餐厅会让侍者在餐桌旁切肉块，制作橙香火焰可丽饼或从餐车上按客人所需夹取奶酪。但在现代烹饪中，这种做法得以发展和扩张，且缩短了厨师与客人之间的距离。用液氮“烹饪”，是将食材浸入液氮中极速冷冻的一种方法（大概在-196℃），这是在餐桌旁完成的绝妙菜肴之一。斗牛犬餐厅中其他在餐桌旁完成的菜还有“树番茄和桉树冻配冷冻反向球化桃块”。本菜中，侍者会在客人面前，为桃子“切块”。

此外，更彻底、更进一步缩短厨师和食客之间距离的方法就是让客人自己为菜肴添上画龙点睛的最后一笔，这在高级餐厅的历史中鲜有先例。在“热鮟鱇鱼肝配小洋葱和蜂蜜焦糖”中，需要客人在食用前，自己将蜂蜜焦糖薄片摆在菜上。这么做有其实际原因，因为焦糖遇热之后便会融化，还没等送到客人面前就会消失不见。客人亲自动手参与到“摆盘”的过程，也升华了他们品尝时的感觉。

改变菜肴结构

经典菜肴的基本结构多年来一直都以法式料理为模板，即主要食材+酱汁+配菜。改变菜肴结构的创造方法挑战了这一传统，并以全新的方法来审视菜肴的组成结构，再加入其他因素，从而达到令人满意的创造结果。新菜烹调法的“精选菜单”概念，以五、六道迷你、清淡的菜肴来展现厨师的风格，且早已摒弃了传统法式料理的菜肴结构。对食材价值的重新评估，忽略“自视甚高”的奢华食材（比如松露和鱼子酱），为通常身份“卑微”的蔬菜及配菜料理提高了身价。在斗牛犬餐厅产生的新概念（比如鲜味冰激凌）填补了传统概念中菜肴特定的食用方式中的空白。

改变菜肴的结构最终可以为用餐带来完全自由。没有任何约束或影响，摈弃旧的思维定式，但这不代表菜肴的组成是无序或独断的。相反，菜肴的结构应该通过分析和思考得出。至此，所有菜肴的结构都可以被创造，包括以不止一道菜而形成的复合结构，比如在“双份牡蛎”（Double helping oysters）中，首先牡蛎搭配生菜冻冷食，再搭配红葱头和小牛蹄热食。

菜肴的摆盘不仅反映了视觉美学，更为客人提供了该如何享用该菜的线索，并且可以大大影响客人享用该菜的体验。作为最简单的结构，沙拉是将食材拌在一起的完美结合，确保客人每口都能尽可能地享用所有食材。最近开始流行的层层叠加的摆盘方式得以让客人每吃一口，就能一次享用食材组合，而那些将食材在水平线上一一分开的菜肴——正如许多精选菜式中呈现得一样，需要客人更专注地建立进食的韵律。这些思虑都是很重要的，而新菜结构也可以为菜肴创造打开新的思路。

你会怎么称呼以冰冻“
调”食物的铁板?

“氮化铁板”不存在于任何字典中。
斗牛犬餐厅的员工不知道该如何称呼某
备方法、设备或工具，这就说明它是直至
才出现——至少，在我们的员工知识范畴
这样。

斗牛犬餐厅开发了许多新概念和技术
在其基础上，餐厅也发明了许多特殊的设备
来，这些设备才真正地被命名。

发明新的语言是创意的一种形式。既
牛犬餐厅已开始开发自己的语言，那么任务
仅是开发，更是不断完善这种语言。

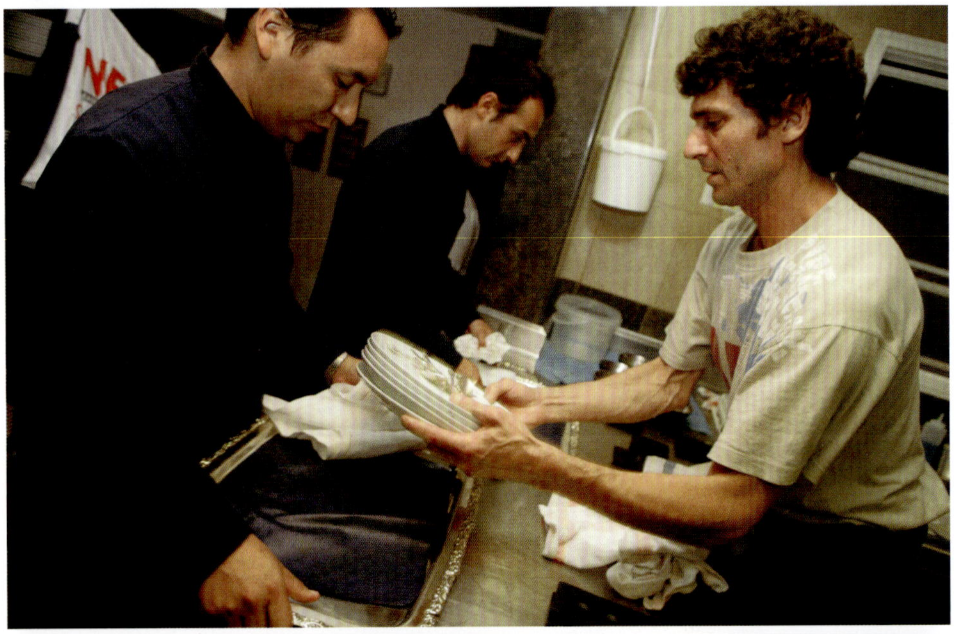

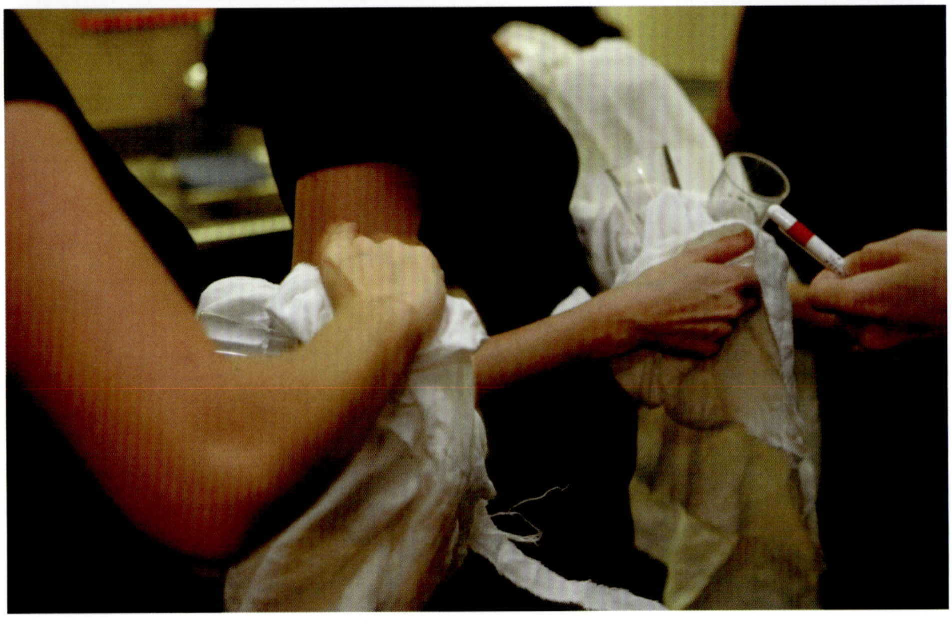

每天晚上，洗碗间（洗碗区域）的4名洗
工会面临一座由2500件锅碗瓢盆组成的
山。

为第二天做准备

冷藏室需要整理。明天菜单的食材表也需要汇编。在这之后，爱德华会开始准备采购单。

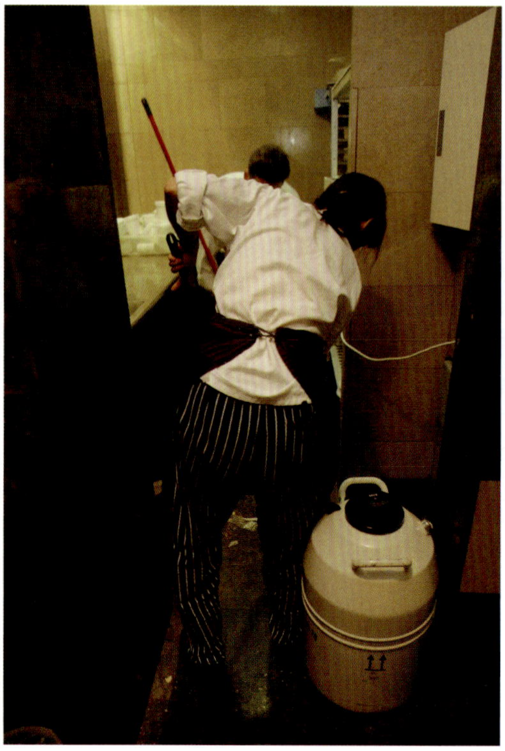

要如何才能在半小时内清洁350平方米的厨房？这需要有序的组织管理和40名厨师齐心协力共同分担。

granini
Schweppes
Schweppes
Schweppes
Schweppes
Heineken
Heineken
JIM BEAM
DRY GIN
FRAGIL
FRAGIL

Tapioca
5 Kg

没有专人负责每天来收集斗牛犬餐厅产出的12桶垃圾

营业过后，4名工作人员会花半小时将垃圾桶装上大巴，再把垃圾送去员工停车场旁边的垃圾箱内。不在城市中的一个坏处是在处理厨余和废物时，只能亲自上阵。

鲜味世界的营业结束

现在，是开始彻底清洁并为第二天准备的时候了。大家结束得越快，就能越早回家。

客人们决定第四幕何时谢幕

晚餐的终幕通常会在露台展开。现在，舞台交给咖啡和餐后酒，客人们觥筹交错，侃侃而谈。此外，他们还将收到一份菜单，上面详细列出了今日所享用过的菜肴。

客人开始离席

回家路上，脑海中回想起斗牛犬餐厅

明天有谁会来?

营业结束后，费朗面前会摆上第二天的预订单。他会检查细节，会辨认哪些是首次用餐的客人，哪些是回头客。这些细节对准备第二天的出菜单都是非常重要的。每日大约有50位客人前来就餐，但每位客人都是独特的。

数字斗牛犬餐厅

15 - 每日桌数
50 - 每日客人数
160 - 营业天数
8000 - 每年接待人数
7~20000 - 客人前来斗牛犬餐厅用餐的里程数（千米）
70 - 旺季时的餐厅工作人员人数
40 - 厨师人数
26 - 前场工作人员人数
8 - 平均每位侍者每天走路千米数
11200 - 每年的员工餐数
12000 - 靠海占地面积（平方米）
80 - 露台占地面积（平方米）
350 - 厨房占地面积（平方米）
250 - 餐厅占地面积（平方米）
215 - 2009年每餐价格（欧元）
300 - 2009年含酒水的人均消费价格（均数，欧元）
170~200 - 菜单中所含食材数量
1500 - 每日制作的鸡尾酒、小吃、塔帕斯拼盘、前甜点、甜点和变体的数量
700 - 每位客人每餐所食用食物重量（克）
5600 - 每年客人们食用的食物总量（千克）
200 - 每晚使用的餐巾及围裙数量
1000 - 每晚使用的餐具数量
10000 - 每年打开的葡萄酒数量
55 - 玻璃杯的品种
750 - 每天餐厅中使用的玻璃杯数
1666 - 酒单上的葡萄酒品种数量
40 - 不同的葡萄酒年份
216 - 不同的葡萄种类
325 - 酒单上不同的DOCs产区
2 - 葡萄酒存放酒窖
4000 - 每年致力于创意工作的工时数

Divendres 22 Juliol

每人都为清洗碗盘和杂物间的整理出一份力

本日总结

其他厨师回家后，主厨和经理们会讨论营业过程中发生的事，做出第二天的任务计划，写出汇编采购单，并讨论第二天的菜单。

这些都取决于本日餐厅的营业状况，并且在相对轻松的氛围下进行。

唯独厨房的灯关了

02:00

—

落下帷幕

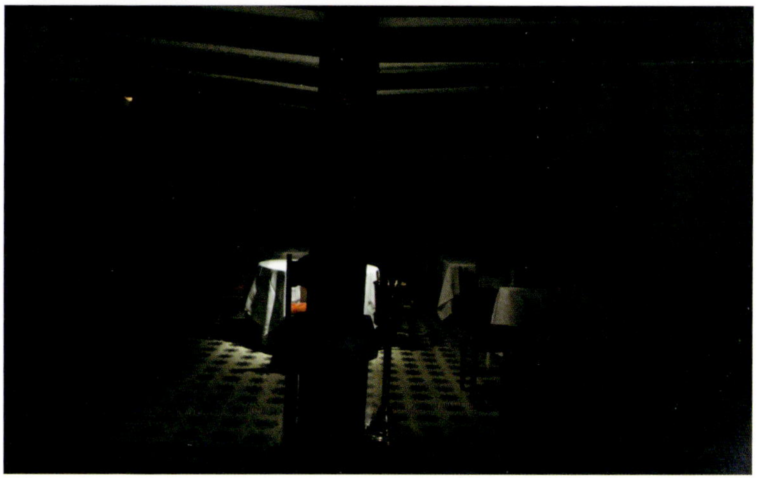

斗牛犬餐厅的创造性进程

产品

材有关的开发：

析产品

产品上运用新技术

全新的方式结合产

目可以包括任何
因其在斗牛犬餐厅
特殊地位，所以需
、“衍生”产品（食
通常都会被人丢
或鱼皮）或新的食
精神味觉，或纯粹
的食材）。

—

搜寻新灵

下页展示
表，是餐厅菜系
创意过程对餐
一步，是定义菜
义其他菜系一
几个关键点。这
架，可用来分析

高级餐厅
用本表检验其
中某一分支。任
中，有的甚至可
识别出最明显
沫法于1994年
分析表中被归
泡沫的虹吸瓶

本表也适
其转变成可用
建筑业。

—

搜寻新灵感：制备、风格和特色

制备

以下是使用了新技术和概念的主要制备类别：

水和浸剂

果汁、萃取物和花蜜

浓汤和清汤
淡奶油
蔬菜泥

用明胶制成的啫喱
用琼脂制成的啫喱

海绵
云朵
冷泡沫
热泡沫
冷慕斯和巴伐利亚法
热慕斯、舒芙蕾和肉丸
其他令食物质感轻盈的制备方法

奶油冻和布丁
厚奶油

雪芭
冷冻粉末冷饮
冰沙
压缩食品
液氮
其他冷冻食物的制备方法

焦糖
夹心
液体夹心
焦糖水果和蔬菜片
其他使食物香脆的制备方法

鸡尾酒

沙拉
意式生牛肉、生鱼片、鞑靼类
卤汁和反向球化的制备方法

果馅饼、挞和类似食品的制备方法
冻肉（菜）膏、肉冻和冷菜热做
制备时会使用的模具
逐一装盘
（比如装在汤匙内或叉在竹签上）

油炸丸子、油煎饼，泡芙和其他油炸食品的制备方法

创意意大利面
创意饺子
制备时使用米和其他谷物；制备时使用芝士和其他奶制品；以鸡蛋作为主要元素的制备

方法

慢炖肉类

高汤和肉汤酱汁
画龙点睛的手法（或最后时刻加入的
强烈的食材，旨在加强菜肴的一个或多
色）

制备时使用巧克力

其他制备方法（比如炙烤、模烤、烤可
法、杏仁糖艺、芝士火锅法和肉卷）

风格和特色

许多风格变成了创意手法，而许多创意
反过来成为风格：这两者之间互利共生
格和特色在斗牛犬餐厅的发展中关系愈
密。

斗牛犬风格的菜式有如下几个关键风格
造方法：

以本地菜系作为风格

其他菜系的影响

以技术为概念的研究

从五感出发

第六感

鲜与甜的共生

高端饮食中的商业食品

出品菜肴的新方式

改变菜肴结构

联想

灵感

改良和解构

极简

菜单结构的改变

斗牛犬餐厅风格地图

斗牛犬餐厅风格地图（见下页）囊括了斗牛犬餐厅历史中的关键风格、产品技术和制备的发展。每季结束后我们都会更新最重要的新发展，但要决定加入哪些总是很困难的，因为哪一项技术和概念会在未来成为里程碑并不会马上显现出来。一般每年仅加入3~4个。

该地图更直观定量地说明了每年创意的发展，标记了重大发现的关键时刻及其对斗牛犬餐厅创意进化产生的影响。此外，它还起到了监督餐厅发展、减少重复和回溯早期想法的作用。

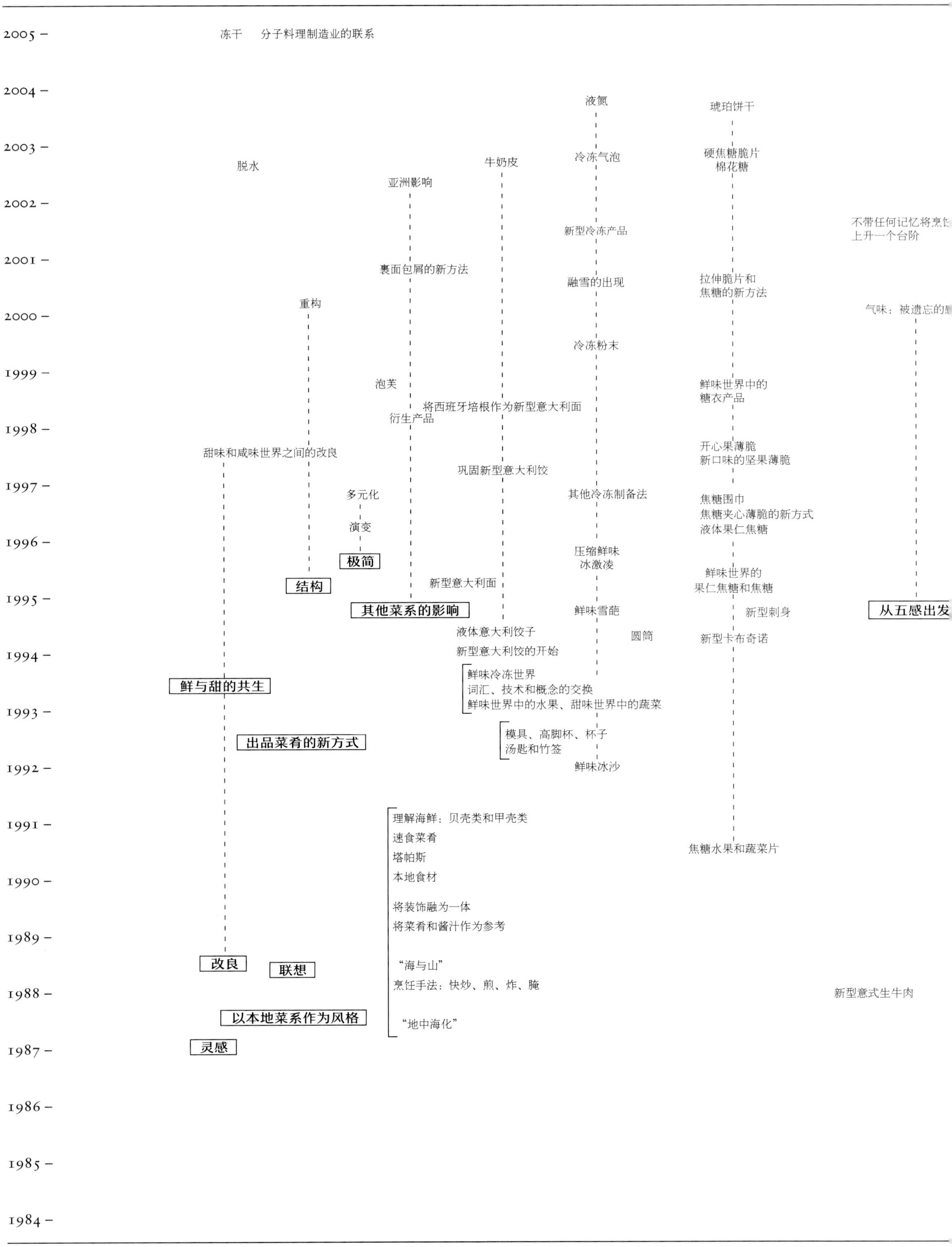
2005
冻干
分子料理制造业的联系
2004
液氮
琥珀饼干
2003
脱水
牛奶皮
冷冻气泡
硬焦糖脆片
棉花糖
亚洲影响
2002
新型冷冻产品
不带任何记忆将烹饪
上升一个台阶
2001
裹面包屑的新方法
融雪的出现
拉伸脆片和
焦糖的新方法
重构
2000
气味：被遗忘的
冷冻粉末
1999
泡芙
鲜味世界中的
糖衣产品
将西班牙培根作为新型意大利面
衍生产品
1998
开心果薄脆
新口味的坚果薄脆
甜味和咸味世界之间的改良
巩固新型意大利饺
1997
多元化
其他冷冻制备法
焦糖围巾
焦糖夹心薄脆的新方式
液体果仁焦糖
演变
1996
压缩鲜味
冰激凌
极简
鲜味世界的
果仁焦糖和焦糖
结构
新型意大利面
1995
其他菜系的影响
鲜味雪葩
新型刺身
从五感出发
液体意大利饺子
圆筒
新型卡布奇诺
1994
新型意大利饺的开始
鲜味冷冻世界
词汇、技术和概念的交换
鲜味世界中的水果、甜味世界中的蔬菜
鲜与甜的共生
1993
模具、高脚杯、杯子
汤匙和竹签
出品菜肴的新方式
1992
鲜味冰沙
1991
理解海鲜：贝壳类和甲壳类
速食菜肴
焦糖水果和蔬菜片
塔帕斯
1990
本地食材
将装饰融为一体
将菜肴和酱汁作为参考
1989
改良
联想
“海与山”
1988
烹饪手法：快炒、煎、炸、腌
新型意式生牛肉
以本地菜系作为风格
“地中海化”
1987
灵感
1986
1985
1984

反向球化
球化
新型凝胶介质
热啫喱新用法
热啫喱新用法
冷啫喱中加洋菜
热啫喱的诞生
热啫喱的开始
冷啫喱新用法
干燥蛋白霜
气泡
海绵蛋糕
热泡沫：新概念
热泡沫
不成形的卡仕达酱
冷泡沫
技术概念研究院
按食材用途评价其价值
马赛克
搅打奶油

新型增稠剂
新型冷菜热做
固体酱汁
木炭油
挑衅
以蛋黄酱作为酱汁
把玩
幽默感
改变菜肴的结构
首次画龙点睛
鲜味果仁糖
凝乳奶酪
蔬菜、软体动物和蘑菇高汤
再见，鱼高汤
芳香油
澄清高汤
酸油醋汁

巨大化
棒棒糖
第六感
人工创造出的口感世界
风味“基因”
进餐顺序和其他进食方式
温度对比
口感对比
“不可能”的食材

独一无二的
工业设计
移液管
一次性餐具
带气饮料
细末刨刀：新口感
平行餐具
菜肴中的香草
高端饮食中的商业食品

酱汁是什么？
汤是什么？
将装饰融于一体
食材、装饰、酱汁
不断进化的概念
水
“不可能”的组合
将蔬菜汁作为汤和酱汁
干果“奶”
侍者端上汤品

与拉瓦萨公司合作
变体：下一个是什么？
云
厨师们制作鸡尾酒
只有“精选菜单”
从“收口小食”到“谢幕”
小吃或为菜单的一部分
先甜点
再见，奶酪推车
小吃的开始
再也没有菲力或肉眼牛排：创造自由
再见，甜点推车
含独立甜点的甜点车
菜单结构的改变

发展出独立的个人风格：创意是不抄袭

（雅克 · 马克西姆）

多年来的重新创造和抄袭造成了烹饪的“包袱”

反向球化马苏里拉奶酪 - 见第300页

水
+ 藻胶
+ 高脂厚奶油
+ 马苏里拉水牛奶酪
+ 单倍奶油（淡奶油）
+ 盐

海蓬子天妇罗配藏红花和牡蛎奶油 - 见第302页

橄榄油
+ 水
+ 藏红花花蕊
+ 糯米粉
+ 牡蛎
+ 条状烟熏西班牙培根
+ 海蓬子嫩芽

蒸布里欧修面包配玫瑰味马苏里拉奶酪 - 见第304页

糖
+ 玫瑰精油
+ 通用面粉
+ 蛋液
+ 牛奶
+ 气泡卵磷脂
+ 新鲜酵母块

10道塔帕斯拼盘

融雪 - 见第344页

橄榄油
+ 抗坏血酸
+ 罗勒嫩芽
+ 糖
+ 新鲜研磨的咖啡
+ 粉末蛋白
+ 巴氏消毒蛋白液
+ 琉璃苣花
+ 翻糖
+ 琉璃苣嫩芽
+ 葡萄糖
+ 艾素糖
+ 液氮
+ 甘草泥
+ 青松果
+ 盐
+ 紫色紫苏嫩芽
+ 绿色紫苏嫩芽

冻干胡萝卜泡沫配榛子泡沫佐科尔多瓦香料 - 见第348页

橄榄油
+ 初榨茴香籽油
+ 水
+ 榛子
+ 藏红花花蕊
+ 科尔多瓦香料
+ 芫荽嫩芽
+ 茴香碎
+ 吉利丁片
+ 发酵全脂牛奶
+ 气泡软磷脂
+ 麦托奶酪
+ 单倍奶油（淡）
+ 榛子泥
+ 西柚
+ 盐
+ 胡萝卜

“疯狂”沙拉 - 见第352页

特级初榨橄榄油
+ 阿拉贡黑橄榄
+ 水
+ 大蒜瓣
+ 洋蓟
+ 褐藻胶溶液
+ 金枪鱼罐头
+ 去皮榛子
+ 冰叶日中花嫩芽
+ 马齿苋嫩芽
+ 通用面粉
+ 高筋面包粉
+ 风干金枪鱼鱼子
+ 月桂叶
+ 冷藏牛奶
+ 发酵全脂牛奶
+ 气泡软磷脂
+ 新鲜酵母
+ 麦托奶酪
+ 迷你黄瓜
+ 生澳大利亚坚果果仁
+ 莲芋茎
+ 乡村面包片
+ 干迷迭香
+ 盐
+ 猫爪草嫩芽
+ 马齿苋嫩芽
+ 雪莉酒醋
+ 黄原胶
+ 羊奶酸奶

岩石滩贻贝配海藻佐新鲜香草 - 见第356页

水
+ 罗勒嫩芽
+ 掌藻
+ 海苔
+ 糖
+ 龙蒿嫩芽
+ 岩石滩贻贝
+ 薄荷嫩芽
+ 新鲜细叶芹
+ 盐
+ 海蓬子
+ 白板昆布
+ 红色鸡冠红藻
+ 绿色鸡冠红藻
+ 长茎葡萄蕨藻
+ 米醋
+ 裙带菜
+ 黄原胶

简易高汤焖小蜗牛配醋蟹肉和苋米佐茴香 - 见第358页

橄榄油
+ 水
+ 干大蒜
+ 罗勒
+ 苋米
+ 小蜗牛
+ 洋葱
+ 龙蒿叶
+ 茴香花
+ 月桂叶
+ 气泡软磷脂
+ 薄荷叶
+ 醋蟹肉
+ 意大利芹
+ 黑胡椒
+ 干迷迭香
+ 盐
+ 番茄
+ 干百里香
+ 雪莉酒醋

泥土 - 见第360页

水
+ 蔬菜纤维素胶
+ 夏日松露
+ 单倍奶油（淡奶油）
+ 白松露油
+ 盐
+ 维纳斯米高汤
+ 洋菜
+ 吉利丁片
+ 甘草枝
+ 抗坏血酸
+ 甘草泥
+ 初榨花生油
+ 去皮烤花生
+ 黑芝麻
+ 葵花籽油
+ 甜菜根
+ 白味噌泥
+ 一氧化二氮气弹
+ 土豆
+ 红色卷心菜嫩芽

鮟鱇鱼鱼肝奶酪锅配柚子醋汁和芝麻风味金橘 - 见第364页

干昆布
+ 水
+ 木鱼花（鲣鱼干）
+ 青柠檬汁
+ 酱油
+ 气泡软磷脂
+ 米醋
+ 柚子汁

鮟鱇鱼鱼肝
水
水
金橘
日式烤白芝麻

肚浸醋鸡肉汁配洋葱和香醋子酱” - 见第368页

青鱼
特级初榨橄榄油
罗勒籽
水
雪莉酒醋
菲格雷斯洋葱
鸡肉
洋葱
大蒜
干迷迭香
月桂叶
黑胡椒
气泡软磷脂
细香葱碎
新鲜细香芹叶
龙蒿嫩叶

虾配藜麦三重奏 - 见第370页

橄榄油
特级初榨橄榄油
水
葱
海螯虾
小芫荽叶
干辣椒
克菲尔发酵乳
蔬菜纤维素胶溶液
藜麦
藜麦嫩芽
盐
番茄

唐杜里鸡翅配琉璃苣嫩芽、牡蛎奶油和麦托奶酪奶盖 - 见第374页

烤杏仁油
+ 橄榄油
+ 水
+ 青杏仁
+ 洋葱
+ 科尔多瓦香料
+ 琉璃苣嫩芽
+ 牛奶
+ 全脂发酵牛奶
+ 牡蛎
+ 烟熏条形西班牙培根
+ 唐杜里酱
+ 黑胡椒
+ 鸡翅
+ 盐
+ 气泡糖
+ 唐杜里粉

1道前甜点

蜜桃琼浆 - 见第414页

加尼尔野生蜜桃汁
+ 桃子利口酒
+ 单倍奶油（淡搅打）
+ 液氮

2道甜点

熔岩甜百香果/舒芙蕾配豆蔻太妃冰泡沫 - 见第416页

糖
+ 豆蔻荚
+ 甜百香果
+ 吉利丁片
+ 蔬菜纤维素胶
+ 单倍奶油（淡奶油）

冻干巧克力气泡配树莓雪芭和桉树刨冰 - 见第418页

水
+ 糖
+ 巧克力
+ 冻干树莓脆片
+ 雪芭稳定剂粉
+ 树莓
+ 葡萄糖
+ 嫩桉树叶
+ 气泡软磷脂
+ 可可脂
+ 天使酥酥皮
+ 皮埃蒙特榛果果仁浆

4道变体

巧克力裹冻干水果 - 见第440页

玫瑰精油
+ 柠檬酸粉
+ 调温白巧克力
+ 冻干树莓
+ 普拉尔酸奶粉

百香果树 - 见第444页

糖
+ 德梅拉拉糖
+ 冻干百香果脆片

菠萝佐茴香叶 - 见第446页

八角
+ 茴香叶
+ 菠萝

酸奶树莓麻糬 - 见第448页

柠檬酸
+ 糖
+ 土豆淀粉
+ 树莓
+ 麻糬面团
+ 吉利丁片
+ 迷迭香花
+ 抹茶粉
+ 天然原味酸奶
+ 希腊式酸奶

189种不同的饮品

+ 水
+ 葡萄酒
+ 咖啡
+ 利口酒

—

词汇表

立体脆________乐事公司的锥形薯片（薄脆）。

阿开木________一种西非热带植物的可食用果实，在牙买加菜系中通常搭配盐渍鳕鱼食用。

洋菜__________从海草中提取的凝胶介质，也被称为“寒天”。凝胶作用最高可承受80℃的温度。

发泡__________通过电子打蛋器搅打液体后在液体表面形成的气泡，这是一种非常轻柔的处理方法。

西班牙“肉球”

______________很受欢迎的西班牙塔帕斯拼盘的一种。

藻胶__________此为“‘费朗和阿尔韦特·阿德里亚’的特奇乐”食品制备系列中的一个产品，从海藻中汲取，在反向球化中使用。

苋米__________原产于南美的粮食，在墨西哥和喜马拉雅地区也有分布。

先甜点________鉴于塔帕斯拼盘和甜点中的铺垫，帮助客人从咸食世界过渡到甜食世界。

巴伐利亚法____法式料理术语（通常是甜食），指借助吉利丁将奶油在模具中定型。

波盖利亚市场__巴萨罗那中心富有历史的集贸市场。

琉璃苣________风味类似黄瓜的香草，通常生食。

柏拉乔蛋糕____（译注：葡萄牙语“醉”之意）西班牙传统蛋糕，会用烈酒浸泡。

钙粉__________“‘费朗和阿尔韦特·阿德里亚’的特奇乐”食品制备系列中的一个产品，从钙化盐中提取，在反向球化中使用。

猫爪草________南美洲原生的蔓生植物，以其药效闻名。

冷菜热做______经典法国烹饪法，通常指煮熟的肉搭配肉冻等冷食。

头厨__________厨师头衔之一，属特定档口的负责人。

细孔滤网______圆锥形细孔筛子。

科尔多瓦香料

______摩洛哥香料组合，通常包含肉桂、豆蔻、丁香和辣椒。

简易高汤______通常用于炆煮鱼类或海鲜的高汤。

香脆______处理方法，可指代焦糖制作或简单在食品中加入某种干货以增加风味。传统上使用坚果或干果，但自从20世纪90年代起，斗牛犬餐厅开始使用其他食材，比如蔬菜。

脆片______将水果或蔬菜泥抹开，形成薄薄的一层，再风干使其变脆。

真空腌制______意指将固体在真空状态下浸泡在液体中以吸收液体风味的过程。

掌藻______可食用藻类，颜色呈亮红色，是日本料理的特色食材。

"斗牛犬卡门"办公室

______位于巴塞罗那，管理所有与餐厅没有直接联系的活动事宜，例如出版。

"斗牛犬进化"工作室

______位于巴萨罗那，负责构想和开发新技术及新概念。

西班牙饺子____西班牙酥点，类似三角派或三角酥点，通常其中夹有鲜味馅料。

夹心薄脆______可指产品或处理方法，指用两层薄薄的焦糖或脆片包裹。

醋渍野味______起源于西班牙，指将食材（通常是煮熟的鱼类）泡在含有醋（其他柑橘类汁水）和其他香料的液体中。此外也可指该浸液本身。

海参*______加泰罗尼亚语称呼，除了指海参，还指草编鞋（鞋底板用绳子编织的帆布鞋）。

法特玛·哈尔___摩洛哥大厨和食品作家。

冰叶日中花____小型可食用植物，叶片口感丰厚，亦称为冰草。

菲格雷斯洋葱__加泰罗尼亚本地洋葱品种。

翻糖______将糖和葡萄糖在水中溶解后，加热至112℃，再在平面上处理直到形成顺滑的白色糖泥。

鱼高汤______作为烹饪基础的底汤。

液氮裹糖______斗牛犬餐厅专用语，指用液氮形成松脆的外皮，结果类似传统上使用焦糖制作的糖衣。

单甘酯和甘油二酯

______"'费朗和 阿尔韦特·阿德里亚'的特奇乐"食品制备系列中的一个产品，它从天然脂肪酸中提取，作为乳化剂使用。

鹅颈藤壶*_____在岩石峭壁处生长的粗茎贝壳类，在西班牙和葡萄牙被广泛食用。

甜百香果______圆形橙色水果，表皮带有黑点，其籽多汁，原产于中南美洲，是百香果的近亲。

ISI虹吸瓶_____压力容器。在压力下，将液体灌入其中可形成泡沫。

艾素糖______晶砂糖替代品，通常替代葡萄糖使用。

伊比利亚火腿__以黑毛猪制成的最高品质西班牙腌火腿。

切成细丝______切成如同火柴棒的细条。

怀石料理______日本正式料理一种，包含许多运用应季食材悉心调理的均衡菜式。

天使酥______由诸多细丝组成的长形甜点。

鲣鱼干______产于日本的经过腌制且烟熏的鲣鱼干。

克菲尔______起源于高加索区域的发酵乳制品。

气泡卵磷脂____"'费朗和阿尔韦特·阿德里亚'的特

奇乐”食品制备系列中的一个产品，从大豆卵磷脂中提取，作为乳化剂来制造气体。

竹蛏*________类似蛏子的贝壳类，原产于加利西亚。

冻干__________在斗牛犬餐厅意指将产品冷冻干燥。

炸玉米花*_____西班牙小吃，玉米仁油炸后再烤香。

山竹__________表皮呈深紫色，果肉呈白色的热带水果。

蒙特卡多*_____以猪油制成的西班牙酥饼，通常在圣诞节食用。

乳香树脂______从乳香黄连木或乳香树中提取的清澈植物树脂，颜色略黄，略有香味，亦被称为乳香树脂。

抹茶__________日本绿茶粉。

麦托奶酪______加泰罗尼亚地区的牛奶/羊奶新鲜奶酪。

明太子________腌渍阿拉斯加鳕鱼子，原产于韩国，现主要运用在日本料理中。

麦卡巴纳______巴塞罗那郊外大型食品批发市场。

蔬菜纤维素胶__“‘费朗和阿尔韦特·阿德里亚’的特奇乐”食品制备系列中的一个产品，从蔬菜纤维素中提取，冷藏时作为增稠剂，加热时作为凝胶介质使用。

细末刨刀______职业厨房中使用的高品质刨刀。

神秘果蛋白____在非洲灌木中天然存在的植物蛋白，可使酸性食品尝起来是甜的。

备料__________餐厅营业之前，厨房中的食品制备过程，包括准备酱料、切菜等。

变体__________斗牛犬餐厅中甜点后的小点，与咖啡搭配食用。

麻糬__________带馅的小糯米糕，在日本很普遍。

琥珀干果______传统加泰罗尼亚餐点最后奉上的坚果和干果，搭配葡萄酒食用。该名字来源于旅行的音乐人，因为音乐人通常最先离开餐桌，所以他们会在正餐最后带走一把干果和水果，当作演出后的小吃。

拿破仑牡蛎____产子加利西亚的大型牡蛎。

氮化__________意指菜肴通过使用液氮进行制备。

帕可婕冰糕机__用于制作非常细腻雪芭的机器，也可用作他用，例如制作冷冻粉末。

莲芋__________茎长而粗的多孔亚洲蔬菜。

片状__________法式料理词汇，意指将甜点塑成片状。

肉卷 __________法式料理词汇，意指将肉排处理平整后再往其中填馅。

方块状________法式料理词汇，通常意指将菜肴塑成扁平的方块，宛如垫脚石。

移液器________实验室用具。在斗牛犬餐厅，固体由绳子或竹签串起后，会用移液器的圆口部分将液体淋在固体上。类似用竹签烹调时加入酱汁的方法。

薄脆__________处理方法，指某种食材（通常为干果或坚果），用以同种食材制成的脆片包裹。

波波罗尼奶油糖酥饼

______________馥郁的西班牙杏仁酥饼，淋有糖霜，传统上在圣诞节食用。

多岐盐角草____盐碱地中生长的1年生植物，为海蓬子的一种。

马齿苋________小型绿色植物，叶片厚实、可食用。

PX*___________佩德罗.希梅内斯葡萄，一种西班牙白葡萄，用以生产同名深色、宛如甜酒的葡萄酒。

橄榄形________用两把汤匙将一小份食物塑成橄榄形

（像橄榄球）。

藜麦________原产于南美的粮食。

摩洛哥风味混合香料

________摩洛哥香料组合，通常包含莳萝籽、芫荽、姜黄、生姜和豆蔻。

雷朋那干酪____荷兰干酪。

罗纳________职业厨房中使用的机器，用来将食物在恒定低温的液体中长时间进行烹调。

咸腌*________西班牙语，指腌制食物，特别是鱼类或肉类。

海蓬子________生长在沿海盐碱地绿色植物，茎长，口感丰厚。

长茎葡萄蕨藻__亮绿色的海藻，日本称之为“海葡萄”。其茎上长有充满液体的小球，口感爽脆。

伸长海条藻*___细长的海藻，在西班牙称之为“judia de mar”。

白板昆布______由昆布制成的海藻片。

紫苏________原产于亚洲的香草，风味类似薄荷或罗勒。紫苏有两种：紫色和绿色。

硅胶垫________不沾的烘焙用垫子，通常用于糖果制作。

虹吸瓶________用于搅打奶油的工具。20世纪90年代，斗牛犬餐厅将其用于菜品制作中。

移液管________斗牛犬餐厅的宽口玻璃吸管，用来装小吃。

酸面包酵头____面粉和水的混合物，通过几天的发酵，吸收了天然酵母。用此作为醒发介质来发酵酸面包。

反向球化______通过水胶体的特性控制液体，在液体外裹上吉利丁薄膜，形成“流心”效果。

实习________餐厅中临时的工作。

气泡糖________“‘费朗和阿尔韦特·阿德里亚’的特奇乐”食品制备系列中的一个产品，从蔗糖和脂肪酸中提取，既可作为乳化剂，亦可作为充气介质。

超厚滤袋______可用于过滤和澄清液体的超细细孔滤网袋。

万寿菊________原产于南美的可食用金盏花。

塔帕斯拼盘____斗牛犬餐厅中的主要鲜味菜肴，是塔帕斯和拼盘的结合菜肴。

美善品多功能料理机

________可在不同温度下搅拌食物的食品处理机。

顿加香豆______南美植物的果实，风味类似香草荚。

鸡冠红藻______日式料理中使用的海藻。有白色、绿色和红色。

维纳斯米______意大利产的一种黑米。

维尔达亚尔绿橄榄

________西班牙南部的一种绿色橄榄，通常作为塔帕斯的一部分。

黄原胶________“‘费朗和阿尔韦特·阿德里亚’的特奇乐”食品制备系列中的一个产品，从发酵淀粉中提取，作为增稠剂，亦可使固体在液体中保持悬浮状态。

柚子________亚洲柑橘类水果，风味介于蜜柑和柠檬之间。其皮馥郁，用来入菜。

注：*词条未在正文出现。

作者特别要鸣谢里夏德·施拉格曼（Richard Schlagman）、埃米利亚·泰拉尼（Emilia Terragni）、劳拉·格拉德温（Laura Gladwin）和Phaidon出版社的朱莉娅·黑斯廷（Julia Hasting），他们为本项目投入了极大的激情和热爱。此外，作者还要感谢巴塞罗那的何塞普·玛利亚·平托（Josep Maria Pinto）和马塔·门德斯·布拉亚（Marta Méndez Blaya）共同编撰本书，他们所给予的帮助是无价的。

图书在版编目(CIP)数据

斗牛犬餐厅的一天 ／（西）费朗·亚德里亚，（西）阿尔韦特·亚德里亚，（西）胡利·索莱尔著 ；周再冉译. —— 武汉 ：华中科技大学出版社，2021.1

ISBN 978-7-5680-5589-5

Ⅰ. ①斗… Ⅱ. ①费… ②阿… ③胡… ④周… Ⅲ. ①餐馆－介绍－西班牙②西式菜肴－饮食－文化

Ⅳ. ①F735.516.93②TS971.201

中国版本图书馆CIP数据核字（2020）第021983号

湖北省版权局著作权合同登记 图字：17-2018-163号

斗牛犬餐厅的一天
Douniuquan Canting de Yitian

［西］费朗·亚德里亚 ［西］阿尔韦特·亚德里亚 ［西］胡利·索莱尔 著
周再冉 译

出版发行：华中科技大学出版社（中国·武汉）
北京有书至美文化传媒有限公司
出 版 人：阮海洪

电话：（027）81321913
（010）67326910－6023
邮编：430223

责任编辑：莽 昱 谭晰月
责任监印：徐 露 郑红红
装帧设计：北京予亦广告设计工作室

印 刷：中华商务联合印刷（广东）有限公司
开 本：880mm × 1230mm 1/16
印 张：33
字 数：89千字
版 次：2021年1月第1版第1次印刷
定 价：398.00元

本书若有印装质量问题，请向出版社营销中心调换
全国免费服务热线：400-6679-118 竭诚为您服务